THE SURRENDER EXPERIMENT
my journey into life's perfection

サレンダー

自分を明け渡し、人生の流れに身を任せる

マイケル・A・シンガー
菅 靖彦・伊藤由里訳

世俗的なことと、
スピリチュアルなことを
分ける考えが消えた。
流れに任せると、人生はひとりでに花開いた。

風雲舎

（イントロ）
人生の流れに身を任せる

六人乗りジェットにひとりで座り四万フィートの上空を飛んでいると、とても平和な気分になる。私は瞑想状態に陥り、しばらくの間、安らいでいた。通常の意識に戻った私は、最初個人的な自己を手放して、人生がどこにつれていってくれるか見てみようと決心したときから環境がガラリと変わってしまったことに思いを巡らせた。

依然として同じ森の中に住み、朝晩の瞑想を続けているものの、それ以外のことは劇的に変わってしまった。人生はこれまでに何度私に不快な変化を与えてきただろう。最初は、抵抗する気持ちを無視するのは難しかった。しかし、自分を手放すというリスクを冒すことによって起ることを見ているうちに、抵抗する気持ちは失せていった。

自分を手放した結果に、私は囲まれていた。すべては人生の流れに身を任せることから生じたものである。人生に自分を明け渡すこと、それが私の自己実現の道だった。それがうまく機能しているのは疑うべくもなかった。私は、自分が望むことや望まないことに基づいて生きてはいなかった。好き嫌いの考えはずいぶん前に心をよぎらなくなっていた。人生に与えられた仕事をこなすことで精一杯だったのだ。それこそ究極のカルマ・ヨガ（行動のヨガ）だった。私は自分の人生を宇宙の流れに預けた。宇宙は私の人生を引き受けただけではなく、私をすっぽり呑みこんだ。自分の身に何が起ろうと私は気にしなかった。気になったのは、会社や従業員や医師たちのことだった。シネティック社の会長と会うためにテキサスに向けて飛び立ったとき、まさにそうした心境だった。

一九九九年五月　回想

人生はめったに自分の思い通りにはならない。立ち止まって考えてみれば、自ずと分かることだ。人生の規模は宇宙的である。私たちが人生の出来事をコントロールしていないのは自明のことだ。宇宙は一三八億年の歴史を持つ。私たちを取り巻く生命の流れは私たちが生まれたときに始まったわけでもないし、私たちが死ぬときに終わるわけでもない。刻一刻と私たちの目の前で生起している物事は、まさに奇跡としか言いようがない。それは何十億年もの間、相互作用してきたあらゆる力の最終結果であり、私たちにはどうにもできないものである。にもかかわらず、私たちは自らの人生で起る物事をコントロールし、決定しようとする。そうすればするほど、緊張感が高まり、不安や恐怖にとらわれやすくなる。

ふだん、私たちは目の前で展開する現実よりも、頭の中の声を重視する。よく私たちは、「今日はキャンプに行くから雨が降らないでほしい」とか、「お金が必要だから、給料を上げてほしい」などと言う。こうしたずうずうしい要求は科学的根拠に基づいているわけではなく、もっぱら個人的な好みに基づいていることに注意してもらいたい。そのことに気づいていない私たちは、人生のあらゆることで自分の好みを優先しようとする。まるで自分の好き嫌いに合わせて物事が起るのが当然だと信じているかのように。思い通りにならないと、きっと何かが間違っている、と考える。それは困難を伴う生き方だ。常に人生と闘っているかのように感じるからだ。

しかし、周囲で起る出来事を前にして、私たちが無力でないのも真実である。私たちは意志の力というものを授かっている。物事がこうあってほしいと願い、意志の力で外の世界を自分の望みに従わせようとすることもできる。だが、あくまで自分の願望を押し通そうとすれば、自分を取り巻く人生の現実と闘わなければならない。その闘いに勝てば、私たちは幸せを感じ、ほっとするが、負ければ、傷つき、ストレスにさらされる。ほとんどの人は、物事が自分の思い通りになればいい気持ちになるので、人生のあらゆることを絶えずコントロールしようとする。

しかし、本当にコントロールしなければならないのだろうか？　実は、放っておいても人生がうまく展開していくという証拠がたくさんある。惑星は軌道上に留まっているし、小さな種は巨大な樹木に成長する。地球上の天候パターンは何百万年もの間、世界中の森林に水を供給してきた。たった一個の受精卵がかわいい赤ん坊に成長する。こうしたことすべては何十億年も昔から働きつづけている私たちの理解を超えた力によって遂行されている。その力に、私たちの意志は対抗しようとしているのだ。目に見えない自然の力が完璧な宇宙の秩序と調和を生み出しているとするなら、その力に対抗しようとするのは、無謀な試みではないだろうか？　私が本書で追究しようと思っているのは、まさにそのことなのである。

生命はひとりでにDNAを顕在化させ、人間の脳を創出する。にもかかわらず、私たちがあらゆるものをコントロールしなければならないと感じるのはどうしてなのだろう？　もっと健全な人生へのアプローチの仕方があるに違いない。たとえば、人生の流れを尊重し、それと闘うのではなく、その流れに便乗するために自由意志を使ったらどうなるだろう？　どのような質の人生が展開するだろう？　秩序も意味もない、行き当たりばったりの出来事からなる人生だろうか？　それとも、宇宙に行き渡っているのと同じ完璧な秩序と意味が私たちの日常生活にも顕れるだろうか？

本書はその実験の報告である。実験の中核にあるのは一つの単純な疑問だ。心の中で自分独自の仮想の現実を作り上げ、それを自分の生き方にするために現実と闘ったほうが幸せになるだろうか。それとも、自分が望むものを手放し、宇宙の完璧さを生み出している力と同じ現実の力に仕えたほうが幸せになるだろうか？

この実験の狙いは、人生からドロップアウトすることではない。個人的な恐怖や欲求によってコントロールされない場所で生きることである。他にいい呼び方がないので、私はこれを「サレンダー・イクスペリメント」と呼んできた。これまでの四〇年間、私は、人生の出来事の流れが自分をどこにつれていってくれるかを見守ってきた。その間に起ったことは、まさに奇跡としか言いようがない。物事がてんでばらばらになるどころか、まったく逆のことが起ったのだ。一つ事が起ると、ごく自然に別の出来事が続き、人生が私の理解を超えた旅に導いてくれたのだ。本書の目的はその旅を読者と分かち合い、人生の流れを信頼し、あえてそれに身を任せたとき、どんなことが起きたかを読者に味わってもらうことにある。けれども、サレンダーは意志を持たずに生きることを意味するのではない。自分の意志を周囲で展開する自然な力と協調させるということなのだ。そうすれば、驚くべき結果に導かれるというのが私の経験したことなのだ。

このようなスケールの大きい実験の結果を分かち合う唯一効果的な方法は、まず私がそうした実験に取り組むようになった経緯を明らかにし、私がしてきた旅を、順を追って読者に経験してもらうことだろう。この後に続く章で、読者はこれまで経験したことのないような人生経験に遭遇することになるだろう。私たち人間は、お互いに、他者の経験から学ぶ尋常ならざる能力を持っている。私の経験を、どうか各自のやり方で生かしてもらいたい。私の目の前で展開した予期せぬ出来事は、私の人生を変えただけではなく、人生観そのものを変え、深い心の平安をもたらしてくれた。このサレンダー・イクスペリメントを分かち合うことで、読者が平和で調和のとれた生き方を見出し、非の打ちどころのない人生の流れを享受できるようになるのを願うばかりである。

マイケル・A・シンガー

カバーデザイン……………谷内田　哲夫

『サレンダー』……目次

（第2部）偉大な実験が始まる……79

（第3部）孤独から奉仕へ……119

第1部

目覚め

1章　叫びではなく、囁きと共に

私に授けられた名前はマイケル・アラン・シンガー。私が覚えているかぎり、誰もが私をミッキーと呼んだ。一九四七年五月六日に生まれた私は、一九七〇年の冬まで、まったく普通の人生を送っていた。ある日、何かが私の身に起った。それは非常に深遠な出来事で、永遠に私の人生の方向を変えてしまった。

人生を変える出来事はとても劇的で、その性質上、混乱を引き起しかねない。ふだん、あなたという存在は身体的、感情的、精神的に一つの方向に向かっている。その方向を定めているのは、自分の将来への夢とその夢に向かって邁進しようとする力である。ところが突然、あなたを足元からすくう大地震や恐ろしい病に見舞われる。または、偶然の出会いが起る。それがあまりに強烈であれば、その後のあなたの人生は変わらざるをえない。その出来事を境に、あなたは文字通り別人となる。あなたの興味は変わり、目標も変わる。事実、あなたの人生の根本的な目的も変わる。頭の向きを変え、二度と後を振り返れないようにするには、普通、きわめて強力な出来事が必要である。

一九七〇年の冬、私の身にそのような出来事は起らなかった。起ったのはきわめて微細でかすかなものだったので、気づかずにすぎ去ってもおかしくなかった。私の人生を混乱と変容の渦に投げ入れたのは、叫びではなく、囁きだった。人生を変えたその瞬間から四〇年以上たっているが、今でも、それを昨日のことのように覚えている。

私はフロリダ州ゲインズビルにあるわが家の居間のソファーに座っていた。当時、二二歳で、シェリーという名の美しい魂の持主と結婚していた。二人とも、フロリダ大学の学生だった。私は大学院で経済学を学んでいた。抜け目のない学生だった私は、大学教授になるため、経済学部の学科長の指導を受けていた。シェリーには、シカゴで弁護士として大きな成功を収めているロニーという兄がいた。まったく畑違いの世界にいたにもかかわらず、私はロニーと親しくなった。彼は力を持つ裕福な大都市の弁護士だったし、私は六〇年代に育てられた大学院在学中のインテリ・ヒッピーだった。当時、私がいかに分析指向の強い学生だったか述べておいたほうがいいだろう。大学にいる間、私は哲学や心理学や宗教のコースを取ったことがなかった。私の選択科目は記号論理学、高等微積分学、理論統計学だった。そのことが、私の身に起ったことを一層驚くべきものにした。

たまにロニーが訪ねてきて、一緒にすごしていた。一九七〇年のその運命の日、ロニーは私と一緒にソファーに座っていた。何について話していたのか正確には覚えていないが、ゆるゆるした会話が途切れた。私はその沈黙が不快であることに気づき、次に何を言うべきか自分が考えていることを発見した。以前にも同様な状況に入り込んだことが何度かあったが、このときの経験はどこか違っていた。単に不快であるというのではなく、その感情から逃れるために、何か言うべきことを探している自分に気づいたのだ。それまでの人生で初めて、自分の心と感情が、見つめる対象になったのだ。

言葉にするのは難しいが、可能な話題を探そうとする私の落ち着かない心と、その心の動きに気づいている私との間に、完璧な分離の感覚があった。突然、自分が自分の心の上に留まり、生み出される思考を静かに見つめられるようになったようだった。信じようが、信じまいが、意識の座におけるその微妙な転換が、大竜巻となって私の全人生を再編した。

ほんのわずかの間、私はただそこに座って、気まずい沈黙を「修正」しようとする自分自身を見つめていた。しかし、修正しようとしているのは私ではなかった。私は、修正しようとする心の活動を静かに眺めている観察者だった。最初、私と私が眺めているものの間には、ほんの少しの分離しかなかった。だが、刻一刻とその分離は広がっていくように思えた。私は、この転換を引き起すようなことは何もしていなかった。ただそこにいて、頭の中を通り過ぎていく神経症的な思考を見つめているもうひとりの自分がいることに気づいたのだ。

この「気づき」の全プロセスは実際には瞬間的なものだった。内部に隠された絵があるポスターを見つめているようだった。最初はただ単に線と円からなるパターンのように見える。それから突然、最初カオスのように見えたものから立体のイメージが出現する。一度それを見ると、以前それがどうして見えなかったのか想像もつかない。それはそこにあったのだ！

私の内部で起った転換はそのようなものだった。私が内部にいて、自分の思考や感情を見つめているのは明白だった。いつもそうしていたのだが、あまりに無自覚で気づかなかったのだ。細かいところに気を取られ、それらを思考や感情とみなさなかったのだ。数秒もたたないうちに、それまで気まずい沈黙を破るための重要な手がかりのように思われたものが、今や、たわいのないおしゃべりのように聞こえた。その声が言うことを、私はじっと見つめていた。

「天気がすごく良かったね？」

「ニクソンが先日やったことを聞いたかい？」

「何か食べるものが欲しいの？」

最終的に私が口を開いて言ったのは、次のようなセリフだった。

「きみの頭の中で話している声があることに、気づいたことがあるかい？」

ロニーは少し奇妙な目で私を見てから、パッと瞳を輝かせて言った。「ああ、きみが何について話しているのか分かるよ。ぼくの頭の中の声は、絶対に口を閉じないんだ！」。その後、私が「もし頭の中で、他の誰かの声が話しているのが聞こえたら、どんな感じがするだろうな？」と冗談を飛ばしたのを覚えている。

私たちは笑い、人生は続いていった。

だが、私の人生はそうではなかった。私の人生はただ単に「続いて」いかなかった。何もかも同じではなくなったのだ。気づきを維持しようとする必要もなかった。今や、気づいているのが私のあり方になった。それが常態になった。私は絶え間ない思考の流れが心を通過していくのを見つめる存在になった。同じ意識の座から、絶え間なく変化する感情の流れがハートを通過していくのを見つめるようになった。シャワーを浴びている最中、頭の中の声がどんなことを言うのか、見つめていた。誰かと話しているときには、相手が話していることを聞く代わりに、頭の中の声が次に何を言うべきか探っているのを、見つめていた。教室では、教授が講義をどのように進めようとしているかを、私の頭が先走って、考えるゲームをしているのを、見つめていた。この新たに発見した頭の中の声が私を悩ませるまで、そう長くかからなかった。映画館でおしゃべりするのをやめない人物の隣に座っているようだった。

頭の中の声をじっと観察していると、私の内奥にある何かが、それを黙らせようとした。

頭の中の声がやんだら、どんな感じがするのだろう？　私は心の静寂を切望しはじめた。最初の経験から数日もしないうちに、私の生活パターンが変わった。友人がおしゃべりしにやってきても、楽しくなかった。私は心を鎮めたいと思った。社交的な活動は助けにならなかった。私は仲間との対話を中座して、家の近くの森に出かけるようになった。木々に囲まれた地面に座り、頭の中の声に口を閉ざすよう告げた。もちろん、効果がなかった。何も効果がないようだった。それが語っている話題を変えられることに気づいたが、長い時間、話をやめさせることはできなかった。内的な静寂を求める切望は、情熱になった。頭の中の声が完全にやんだら、どのように感じるか知りたくてたまらなくなった。自分が人生を変える旅に船出しようとしていることなど想像すらできなかった。

2章　自分を知る

若い頃から、私は物事がどうなっているかを解明するのが好きだった。だから、私の分析指向の心が、自分と頭の中で囁く声との関係を理解することに魅せられるようになったのは必然だった。しかし、知的な分析にのめり込む前に、自分の心がどうにかなってしまいそうだったので、まずはそれを克服しなければならなかった。私が何かを見るたび、頭の中の声がそれについてコメントした。

「それが気に入った……」

「そいつはきらいだ……」

「それは不快だ」

「それは○○を想い出させる」

コメントを聞くことに慣れてくると、自然にいくつかの疑問が湧いてきた。最初に浮かんできたのは、「なぜこの声は絶え間なくしゃべりつづけているのか?」という疑問である。

何かを見れば、すぐに私はそれを見ていることに気づく。なぜその声は、私がそれを見て、どう感じるかを告げる必要があるのだろう？

「メアリーがやって来た。今日は彼女に会いたくない。彼女が、気づかないでいてくれたらな……」

私は自分が何を見、何を感じるか知っている。つまり、私は内部にいて、見たり、感じたりしているものなのだ。なぜそれを、心の中で声にする必要があるのだろう？　心のすべての活動に気づいている私とは何ものなのか、という疑問も湧いてきた。完全に分離しているという感覚を持って、浮かび上がってくる思考をただ見つめていることができる私とは何ものなのだろう？

新たに発見した頭の中のこの声に対し、私の中で目覚めた二つの情念があった。一つはそれを黙らせたいという願望、そしてもう一つは、その声は一体何なのか、どこから来るのかを純粋に知りたいと思う情熱だ。

この内的な気づきが始まる前、私の人生はきわめて普通だった。普通だというのは、変わってしまった人生と比較して、という意味である。あの後、私は衝動に駆られる人間になっていた。新しく発見したこの声について知りたくてたまらなかった。こうしたことすべてを経験している私とは何ものなのか、それを知りたかった。

そんなわけで、大学院の図書館にこもるようになった。だが、私がいたのは、自分が専攻する経済学のコーナーではなく、心理学の一画だった。他の人たちが、頭の中でおしゃべりしつづけるその声に気づいていないなんてありえない。見逃すことなどできるはずがなかった。答えを探そうとフロイトの本に目を通した。かたっぱしから本を読んではみたが、内側で話す声について直接言及している箇所は見つからなかった。ましてや、頭の中の声に気づいている者について触れている本など皆無だった。

あの頃、聞いてくれる者があれば、誰にでもその声について話していた。みんな、頭がおかしくなったのではないかと思っただろう。そんな中、ひとりのとても控えめで教養のあるスペイン語の教授と会話をしたのを覚えている。ある日、授業の合間にたまたま出会ったのだが、私は、一つの言語に堪能になるということがどういうことなのかが分かった、と興奮して述べた。ほぼすべてのこと——自分が好きなことや嫌いなこと、今まさにしようとしていること、過去に行なった悪いことなど——について、話しかける声が頭の中に存在すると説明した。もしその内部の声がスペイン語を話すことができ、あなたが言っていることを即座に理解したとすれば、あなたはスペイン語に堪能なのだ。だが、頭の中でそれを翻訳し、英語で反芻《はんすう》してみるまではピンとこないというのであれば、スペイン語に堪能ではないのだ。それは私にとって、完全に道理にかなっていた。「もし語学を専攻していたら、この説について博士論文を書いてもいい」と私は言った。彼が怪訝な表情で私を見、一言二言丁重な言葉を述べてから、その場を去っていったのは言うまでもない。

彼がどう思おうと、まったく気にしなかった。私は探求の旅の途上にあった。それまで想像すらできなかった学びの旅である。毎日、自分についてたくさんのことを学んだ。その声を通して表現される猛烈な自意識と、それに由来する恐れが、自分でも信じられなかった。私が見つめている内部の人間は、他人にどう思われているかをとても気にしているのは明白だった。良く知っている人物のことほど、とくに気にかけていた。その声は何を話すべきで、何を話すべきでないのか、私に告げた。意にそぐわないことがあると、しょっちゅう不平をこぼした。友達との会話が少しでも不調和に終わると、私の頭の中で、その会話が延々と続いた。どうすれば会話をもっとスムースに運ぶことができるかを模索するその声を、私はじっと見つめていた。どうやら、拒絶されることをとても恐れているようだった。ときに、その声に圧倒されてしまうこともあったが、内部で語っている声を自分は見つめているのだ、という視点は見失わなかった。その声が私ではないことは明白だった。それは、私が見つめている何かだった。

ある日、目が覚めると、耳障りな騒音に囲まれていた。止めたいと思うが、その方法が思いつかない、そんな感じだった。一つだけ明らかなのは、その声が以前から常にあったということ。ところがそれに深く埋没していたため、自分とは別個のものとして認識しなかったのだ。魚が水から出るまで、自分が水の中にいることが分からないのに似ている。空中に飛び上がった瞬間、魚は悟る。「眼下に水がある。自分がずっといたところだ。だが今、そこから出られることが分かった」

心の声が絶え間なくしゃべりつづけるのが、いやだった。本気になって止めたい、いらつく騒音のようだった。しかし、止められなかった。さしあたり、その声と一緒にいた。けれども、まだ闘いはじめてさえいないことが次第に明らかになる。

3章　禅の柱

数カ月たっても、なおひとりで内的な探求を続けていた。思いがけない形で、助けが訪れようとしていることなど知る由もなかった。

私にはマーク・ワールドマンという博士課程のクラスメートがいた。利口で、広範なテーマの本を貪欲に読んでいる読書家だった。他の人同様、マークは、私が頭の中の声に関心を持ちそれについて語っているのを耳にした。ある日、彼は私の役に立ちそうな一冊の本を持ってきた。フィリップ・カプロー著の『禅の三本柱』というタイトルの本だった。私は禅仏教についてはまったく何も知らなかった。宗教的なことがらなど見向きもしない片寄った知識人だったのだ。私はユダヤ教徒として育てられはしたが、そんなに厳格にユダヤ教に帰依させられたわけではなかった。大学に行く頃まで、宗教は私の人生において何の役割も果たさないものになっていた。もし無神論者なのかと尋ねられたら、おそらく、ぽかんとした顔をして相手を見返しただろう。それについて考えたことすらなかったのだから。

私は禅について書かれているその本をパラパラとめくって読みはじめた。数分のうちに、これはあの声についての本だ、ということがはっきり分かった。心臓がほとんど止まりそうだった。呼吸するのもやっとだった。その本は明らかに頭の中の声を止める方法について書かれたものだった。出てくる文章、出てくるフレーズが心を黙らせることについて語っていた。心の背後に存在する「真の自己」といった言葉が使われていた。ずっと探しつづけていたものを見つけたことは間違いなかった。それと一体化することなく、心の声をただ見つめるという視座を獲得した人が、私以外にもいることを知った。その本には、頭の中の声に対処するための、何千年もの間引き継がれてきた知恵の遺産が含まれていただけではなく、「脱出する方法」についての記述もあった。心の拘束から自らを解き放つ方法、つまり「超越」について語っていたのだ。

私は畏敬の念に打たれた。それまで何ものにも感じたことがないような畏怖の感情だった。私は学校で無理やり多くの本を読まされ、勉強させられてきた。しかし、今、自分にとって切実な疑問、たとえば、頭の中でおしゃべりしつづける声を見つめている私は何ものなのか、という疑問に答えてくれる一冊の本を手にしていた。それは私が必死に答えを探し求めていた疑問だった。いや、「求める」という表現では言い尽くせない。私にはその答えを知る必要があった。なぜなら、黙ろうとしない声によって、狂気の縁まで追いつめられていたからだ。

『禅の三本柱』が述べていることは明白で、曖昧なところがなかった。心に関する本を読んだり、心について語ったり、考えたりするのをやめ、心を黙らせるために必要な行《ぎょう》をするよう、それは勧めていた。必要な行とはすなわち瞑想である。瞑想について知る前も、心の声のおしゃべりを止めるため、何度かひとりで座ってみた。しかし、うまくいった試しがなかった。『禅の三本柱』に出会ったことで、私は何千人という人に効果があった実証済みの手法を与えられた。ただ静かな場所に座り、息が出たり入ったりするのを見つめ、心の中で「ムー」という音、真言《しんごん》を反復する。それだけである。毎日少しずつ時間を延ばして、それを続けていく。ふつう禅においては、行はグループで行なわれ、接心《せっしん》と呼ばれている。伝統的には、きちんと修行を積んだ者が警策《きょうさく》と呼ばれる棒を持ち、瞑想をしている者たちの周りを練り歩く。誰かが居眠りを始めたり、他のことに注意を奪われたりすると、警策で肩をピシャリとたたく。禅は厳格であり、いいかげんな気持ちではできない。真剣勝負なのだ。

私にはグループもなければ、指導者もいなかった。あるのは禅の本と、修行することで自分が行きたいところに行けるかどうかを確かめたい、という真摯な願望があるだけだった。

そういうわけで、座禅を始めた。座禅を理解するには、座禅をするのがいちばんだと思ったのだ。最初は毎日十五分から二〇分座ってみた。一週間もしないうちに、三〇分に延ばし、回数も二回に増やした。これといったひらめきも、深い体験もなかった。しかし自分の呼吸と真言《マントラ》に集中すると、意識がひっきりなしのおしゃべりから逸《そ》らされるのは確かだった。心の中で「ムー」という真言を唱えていると、心の中の声はいつものようなばかばかしい私的なおしゃべりをやめた。すぐに私は座禅が好きになった。日中、座禅のためにとってある時間が楽しみだった。

座禅の実験を始めて二、三週間もしないうちに、シェリーと私はキャンプに出かけることに決めた。四人の友達が加わり、週末、バンを運転して私たちはオカラ国有林に向かった。私はフォルクスワーゲンのバン仕様のキャンピングカーを持っていたので、週末旅行には苦労しなかった。しかし、その旅行はいつもの旅行とは違っていた。私のその後の人生に、深遠な影響を及ぼすべく運命づけられていたのだ。

私たちは、森の中に、手つかずの湿地帯に向かって開かれている隔離された場所を見つけた。バンを停め降りるやいなや、その場所の静けさと美しさに圧倒された。ここは瞑想をするのにふさわしい場所だと直観した。私は初心者ではあるが、本気で瞑想に取り組んでおり、心の声が実際やんだらどんな感じがするかを真剣に知りたいと思っていた。シェリーと友達に、しばらくひとりですごしてもいいかと尋ねた。誰も反対しなかったので、草に覆われた湖のほとりをぶらぶら歩き、座るのにピッタリな場所を見つけた。私にとって「瞑想」という考えはとても意味深いものだったので、最初から神聖な気持ちにさせられた。私は一本の木を選び、仏陀がしたように、その木の下に座った。それから、断固たる決意を持って自分自身に告げた。「悟りに達するまでは絶対起き上がらないぞ」。その日、木の下で経験したことは非常に強烈だったので、今でも、思い出すだけで身体が震え、涙が溢れ出す。

4章　絶対的な静寂

蓮華座《れんげざ》に足を組んだ。その姿勢を長い時間保てるほど熟練していないことは承知していたが、正式な姿勢で始めたほうがいいと思ったのだ。背筋と首をまっすぐに伸ばし、呼吸と共に、膨らんだり引っ込んだりする腹部に注意を集中した。禅の本には、へその下あたりで「ムー」という音を出すように、との指示があった。息がお腹に出入りするのをじっと見つめた。いつもより長く座るつもりでいたので、真剣に集中した。それが違いを生み出したのだろう。未だかつてないほど内部に深く入り込んだ。腹部の呼吸の動きに集中することが、鼻孔から出ていく息の流れと、腹部内の動きを結びつける力を生み出しているようだった。ゆっくりと鼻から息を吐き出すたびに、下腹部全体に心地良い、暖かな感覚を感じた。とても気持ちの良い感覚だったので、自然に私の注意はそこに引き付けられた。しばらくの間、その体験の素晴らしさに浸っていた。

どのくらい時間がたったのか、やにわに、心の声が、いかにその体験が素晴らしく、これこそ真の瞑想に違いないと語りはじめた。私の意識はその声に引き寄せられたため、呼吸への集中から引き離された。瞑想は自然な経過を辿ったようだった。通常の意識状態に戻りはじめた。しかし、その瞑想はこれまでとは違うものになるはずだった。私は「突破するまでは起き上がらない」と自分自身に告げていた。そこで意図的に、もう一度腹部の呼吸の動きと、「ムー」という音に集中した。ふたたび、暖かいエネルギーの流れに包まれた。さらに深く集中すると、エネルギーの力がますます強くなった。ついには自分の身体と周辺についての意識が消え去った。気づいているのは、腹部の中心に広がっていく暖かなエネルギーのゆるやかな流れだけだった。私はそこには存在していなかった。流れだけがそこにあった。

時々、ほんの短い瞬間ではあるが、自己意識が戻ってくることがあった。そのときはすぐに、意識的に自分の吐く息と腹部の動きの感覚に焦点を当てた。すると瞬時に、自分が消滅した。深い意識状態に出入りするその経験が、おそらく数時間続いた。ある時点で、自己意識が戻った瞬間、ふたたび呼吸に集中しようとする意志を見失ったに違いない。深い平和な場所にどっぷり浸かっていたのが、現実に戻りはじめた。実際どのくらいの時間座っていたのか、最初に気づいたのは足の痛みだった。蓮華座の姿勢で長時間座っていたので、足を痛めたのだ。心の声はまだ戻っていなかった。私はただそこにいた。ボーとはしているが、とても平和な気持ちで、その体験に酔っていた。このまま正気に戻るのだろうと思っていたら、驚くべきことが起った。意識を集中していた場所の背後から、響きの良い声が聞こえてきたのだ。「お前は自分を超えるものを知りたいのか、知りたくないのか?」と、問い詰めるような調子でその声は言った。

それは、私がずっと闘ってきたいつもの心の声ではなかった。煩わしい頭の中の声に気づいて以来、それは私が意識を向けている場所の前や下から語りかけてきた。今回の新しい声は、私の意識が存在する場所の後ろや上から聞こえてきた。いずれにせよ、その厳しい問い詰めは、私を根幹から揺さぶった。だが、質問に答える必要は感じなかった。なぜなら、もっと深いところに行きたいと全身全霊で願っていたからだ。そこで、大きく息を吸い、吐く息の中に自分自身を強く押し出した。自己意識が消滅した。

自己意識の感覚がふたたび戻ってきたとき、存在の感覚が、以前経験していたものとは大きく異なっていた。足の痛みはずいぶん遠くにあり、暖かさや心地良さを伴っていた。身体の感覚が戻ったとき、頭を少し前に傾けようとしたが、まったく動かなかった。まるで額が壁に押し付けられているようだった。非常に硬い何かが、頭のほんのわずかな動きに対しても抵抗していた。私の集中力の強さが、額から外に流れ出して、私が集中していた下腹部の地点に戻ってくる明確な力を生み出していることにすぐ気づいた。奇妙に聞こえるかもしれないが、身動きできない強烈な磁場のような感じだった。

私が経験していたのはそのエネルギーだけではない。私は蓮華座に座り、組んだ両足の膝の上に手を置いていた。その姿勢で、私の両手、両腕、両肩が閉回路を形成していた。その円形の回路がもう一つの強力な磁場になっていた。私は前にも横にも動くことができなかった。垂直のエネルギーの流れとしか表現しようのないものに封じ込められていたのだ。息を吐くたび、その流れはますますはっきりし、強さを増した。その経験全体に完全に心を奪われてしまっていたので、周囲のことはまったく意識しなかった。私は行けるところまで下降し、自分の身体がこれらのエネルギーの流れに圧倒されるのを見ていた。すると、またもや聞こえた。「お前は自分を超えるものを知りたいのか、知りたくないのか？」と。

即座に、深々と息を吸い込み、意識的にゆっくりと息を吐き出した。吐息が磁場を押し上昇させる力を生み出したようだった。上方と内部に向かうこの力が、自己意識を超えたさらに深い場所へと私を駆り立てた。もう一呼吸すると、完璧に自己意識が消え去った。

おそらくあなたは、私がどこへ行ったのか訊ねたいだろう。そう思って当然だが、その質問には答えられない。分かっているのは、そこから戻ってくるたびに、行ったときよりも内的に高揚した状態にいた、ということだけだ。毎回、そのどこでもない場所から帰還すると、すべてが著しく違っていた。戻ってくることへの抵抗は微塵もなかった。内的に高揚した状態にしがみついていなければ、というせっぱつまった感覚もなかった。あるのは、深い、深い平和だけだった。そして、絶対的な静寂があった。おそらく、何ものも妨げることのできない静寂が。あまりにも静かなので、太古の昔から何の音も存在したことがなかったのだろう。大気がないゆえに、いかなる音も存在しえない外宇宙に似ていた。音は伝播するための媒体を必要とする。私が戻った場所には、そのような媒体はなかった。私はまさに静寂の音を聞いていたのだ。

もっとも重要なのは、一切、声がしなかったことだ。その聖なる場所でおしゃべりをするのがどんな感じかについての記憶さえもなかった。声は消滅した。いや、何もかも消滅した。残されたのは、存在しているという気づきだけだった。私はただ存在していた。それだけだった。今回は、私をさらにその先に行かせようとする厳格な誘いの声はなかった。戻る時がきた。

周囲のことを自覚するようになって最初に気づいたのは、先ほど体験していた外部のエネルギーの流れが内部に吸い込まれていったということだ。今や私は心地良いエネルギーの流れが額の中央に向かって背骨を上昇するのを感じた。そんなことは今まで一度も体験したことがなかった。ほぼすべての意識が額の中央に引き寄せられた。そうしている間も、足の痛みが残っていたが、そんなことは問題ではなかった。ただ静かに痛みを感じていた。何の不平もなく、どうすべきかという内的会話もなかった。完璧に平和な気持ちで、ただ気づいているだけだった。

どうにか両腕を動かして、組んだ足をほどこうとした。とてつもなく重く感じたので、足の感覚が元に戻るまでしばらくの間、横向きに寝ていた。そこに横たわっているのはとても心穏やかで心地良かった。やがて、目を開けた。目に入ってきたのは、かつて一度も見たこともない、夢に見たことさえない光景だった。目の前に広がる湿地帯が、日本の和紙に描かれた絵のように見えた。それは優しさと静寂を醸《かも》し出していた。背の高い草々はそよ風に揺れていたが、その動きには静寂があった。すべてが静かで、穏やかだった。木も、雲も、水もひっそりと静かだった。自然の動きの中には、絶対的な静寂があった。私の身体も静かで、どんな思考も存在しなかった。今、ここにいるという感覚を包みこんでいる平和の中に溶け込んだまま、永遠にそこで横になっていられただろう。

最終的に立ち上がったとき、身体の動きがいつもとは違って感じられた。私はそれまで一度も優美な人間だったことはなく、踊りを舞うタイプでもなかった。しかし、今や私の動きのすべてが、まるでバレエダンサーのようだった。腕を動かせば優雅な流れがあり、歩きはじめると、今までとはまったく違っていた。一歩一歩、歩くたびに、足の筋肉一つひとつの小さな動きを感じることができた。私は一歩、また一歩と流れるように歩を進めていった。その動きそのものがうっとりさせるものだった。

驚くべきなのは、この状態が数週間続いたことである。あの日、友人たちのところに戻ったときも、状態に変化はなかった。ひとりになっていた二、三時間の間に、私の身に何が起ったかを説明する必要をまったく感じなかった。ほとんど話すことができない状態だったのだ。すべてのものがとても美しく、安らかだった。絶対的な静寂。周りの音でさえ、その静寂を妨げることはなかった。音がなかったわけではない。しかし、私が座っている内部の場所からははるか遠くに離れているように思えた。深い平安の壕《ほり》に阻まれ、内的に高揚した意識状態の砦《とりで》まで届くものは何もなかった。

5章　天国と地獄

週末旅行から戻ってきたが、元の生活になかなかなじめなかった。あの日、数時間のうちに私は完全に変わってしまったのだ。ふだんでも私の心は明晰な状態だった。この頃の私には、願望も恐れも近づくことができなかった。思考さえも、私の意識の座に到達する前に消えてしまった。当時経験したことで唯一覚えているのは、明確な強い意志を持っていたことだ。「この状態から絶対離れんぞ。何であろうと、私をこの場所からつれ去ることは許さん」。心の声がそれについて私に言う必要はなかった。私はもはやミッキー・シンガーではなかった。「この平安を決して手放すまい。何ものにもこの超越した静寂を邪魔させない」という信念そのものだった。

私はすべてをもう一度学び直さなければならない子供のようだった。この平安にふさわしい食生活を学ぶ必要があった。マリファナをよく吸っていたが、きっぱりとやめた。私は水晶のように澄んでいた。それを、ほんの少しでも曇らせたくなかった。心の中の静寂を乱さずにクラスに出て、試験を受ける術を身につける必要があった。当時、私は奨学金をもらって博士課程に在籍していた。今や、命よりも愛している平安を妨げずに、知性を駆使する方法を学ばなければならなかった。

それからの数週間、生まれ変わったように感じられた。ふたたびあの超越した場所に戻りたいと切望している自分に気づいた。実際に、座って瞑想するたび、内的に高揚した状態へと引き戻された。超越的な体験によって、私の内面を包み込んでいたベールが引き裂かれてしまっていたので、そこを通って戻っていくのはきわめて自然なことだった。私は長時間瞑想ができるよう、早朝三時に起きるようになった。一日中、時と場所を選ばずに、機会さえあれば瞑想した。日常生活が占める割合は、ほんの一部になった。実際に何をしていたかと言えば、表向きの人生が目の前を通り過ぎていく間、私は自分の内奥に留まり心の平安を保つ術を学ぶことだった。

しかし、長い間そうした超然とした状態に留まっていることはできなかった。二、三週間すると、難攻不落のように思われた心の平安に亀裂が生じはじめた。その亀裂を通して、私の個人的な心の声が静寂の聖域へ洩れてくるようになった。もちろん、静寂を取り戻そうと必死に闘った。まさにそれは闘いだった。ところが、その闘いそのものが、絶対的な静寂とはなじまないものだった。自分にできることは何もなかった。「私の夢の彼方の国」が騒々しい心の状態に取って代わられるのを、ただ手をこまねいて見ているしかなかった。内的な静寂を維持するために日常の雑踏から身を引く方法があることなど、その頃の私には思いつくべくもなかった。そういう取り組みはもう少し後になってからのことになる。

心の奥の平安は消えはじめていたが、完全に以前の状態に戻ってしまったわけではない。個人的な心や感情が戻ってきたときでさえ、私はかつてよりずっとそれらの感情の背後にいた。他にも大きな変化があった。眉間のツボに向かって、私の内部を上昇していく絶え間ないエネルギーの流れがあった。それが力の渦を形成し、私の注意をその一点に引きつけていた。たとえば、何かを見ているとき、目で見ているのではなく、額を通して見つめているように感じられた。それによって、見ることに支障が生じることはなかった。常に瞑想状態に近づけてくれた。エネルギーの流れに注目しているのは、私がしていることではなかった。それはひとりでに起っていた。そんな流れは以前にはなかったのに、今は常にあることに気づいた。自分の眉間に注意を引きつけられることが、教師であると共に友人となった。というのも心の声が何か言いかけようとすると、今や選択することができた。声を聞くか、内部のエネルギーの流れに焦点を合わせるかの選択である。心のおしゃべりなんか聞きたくなければ、眉間へのエネルギーの流れへの集中を少しだけ高めればいい、ということが最終的に分かった。すると、心のおしゃべりは私を邪魔することなく過ぎ去っていく。そうするのが一つのゲームになった。生活のすべてが前より軽くなった。世俗的なドラマは依然として続いていたが、それに引きずられることはなかった。私に授けられた内的なエネルギーの流れが、そういう自分から脱出するのを助けてくれたのだ。さらに重要なのは、私的な自己から脱することがどういうことかもう知っていたことだ。私の決意は固く、揺るぎなかった。どんな手を使ってでも、またどんなに長くかかっても、超越した場所に戻る道を見つけるつもりだった。

しかし、くぐり抜けてきた内的変化に見合う変化が私の日常生活に現われるまで、そんなに長くはかからなかった。最初はシェリーとの関係だった。ある日、「別れる時がきたわ」と彼女は言った。私は非常にうろたえた。私たちは結婚して一年半しかたっていなかったが、私の個人的な生活の基盤は、何年もの間、彼女をめぐって築き上げられてきた。私はむなしく彼女にしがみつこうとしたが、ふとしたことから、以前なら決して見えなかったものを見た。私の性格と知性の強さが、彼女に息をする余裕さえ与えていなかったということを。本当に彼女を愛しているなら、自由にさせてやるしかなかった。ちょうどその頃、留守の間家の管理をして欲しいという友人がいた。私はその友人の家に引越し、傷ついた心のケアを始めた。

この突然の生活の変化は、私の内的な取り組みに深い影響を与えた。私はその頃すでに規則正しい瞑想に打ち込んでいた。深い安らぎの状態を探ることが、私の人生の目的になっていた。私はもう一つのきわめて強力なインスピレーションの源を手にしていた。私はほとんど耐え難い痛みを抱えたひとりの人間を見つめていた。四六時中胸が痛み、心は文字通り壊れていた。あたかも自己概念の土台が取り除かれ、個人的な自己が急激に落下していくかのようだった。それを組み立て直す方法を知らなかったし、そうしたいとも思わなかった。

瞑想中、深く集中していると、動揺はすべて溶け去った。そこには静寂と平和があった。その静寂は、以前ほど深くはなかったが、私に休息の場を与えた。瞑想を終えると、動揺と痛みが戻った。日常は、天国か地獄のいずれかだった。その中間というものは存在しなかった。私のいわゆる「正常な」あり方はなくなっていた。かつて存在していた私は一掃されていた。

私はますます瞑想に没頭するようになった。瞑想は単に痛みから逃走する手段ではなかった。人生に意味を与えるものだった。私は——永遠に——自分を超えることに専念した。生活の変化は、私を引き止めようとしている部分を一掃するのを助けてくれた。心の声を通して自らを表現する人格は、もはやまったく自信を失っていた。数々の外的な変化が彼を貶《おとし》めていた。粉々になった彼を手放すのはとても簡単なことだった。

一旦壊れた自己概念がどのようにして再生するのか、それを注意深く見守っていた。私の思考は、自分を確固とした経歴を持った既婚の男性としてではなく、より深い真実を追い求める瞑想家として描きはじめていた。だが、瞑想家になりたてのその頃でさえ、別の自己概念に基づいて力を取り戻したいとは思わなかった。新しい「私」を創るために思考がつなぎ合わされるのに気づくたび、足で蹴ってそれを放り出した。強烈な痛みを伴ったが、自由な探求を可能にしてくれるのであれば、何もかも手放したいと思った。

留守にしていた友達が戻ってきたので、私はそこを出た。住む場所はどこでもよかった。ひとりになる必要があった。私の生活はきわめてシンプルだった。瞑想し、ヨガをして、定期的に授業に出た。持ち物といえば学校の教科書と数枚の衣服、それにフォルクスワーゲンのバンだけだった。私はかつてゲインズビルの周辺の田園を長距離ドライブしたことがあり、近くの町に隣接する森の中に美しいスポットを見つけていた。打ち捨てられた小さな石灰坑があり、その石灰坑は水晶のように澄んだ青い水に満たされ、低いブナとマツの木からなる広大な領域に囲まれていた。その地点まで車で行き、そこで暮らすことに決めた。

私はだんだん隠遁者になっていった。何かから逃げようとしているのではなかった。自分自身の中に駆け込もうとしていたのだ。当時、私はあることを確信していた。私の意図は常にはっきりしていた。自分自身の内奥に戻りたかった。問題は「ミッキー」という名の個的な自己をどうしていいか分からないことだった。彼の存在そのものが、私が切に行きたいと願っているところから私を引き戻そうとしていた。努力しなければ、私の注意は世俗的なドラマに引っ張られるだろう。そこは、自分の行きたいところとは反対の方向だ、ということははっきりしていた。「ミッキー」は下にいて、外へ向かっていた。私は内側に入り、上昇したかった。問題は「ミッキー」だということだ。真剣に「彼」を追放したいと思った。だが、どうすればいいのか皆目見当がつかなかった。

6章　人生からの贈り物

一九七一年の夏が近づいていた。まもなく授業から解放されるだろう。大学院在籍二年目。真面目に授業に出席しているわけではなかったが、それでもどうにか好成績を維持していた。最終試験と論文をうまくこなせるだけの勉強はした。夏をどうすごすかについては、一切迷いはなかった。瞑想とヨガだ。ただ一つの問題と言えば、どこで、それをするかだ。

私の外で起っている出来事に繰り返し出てくる明確なテーマがあることに気づきはじめたのは、おそらく人生で初めてのことだった。それは、いきなりクラスメートからメキシコへ行ったことがあるかと尋ねられたときから始まった。しばらくすごすには面白い場所だと彼は言った。ほどなくして、本屋に行った際、誰かが床に置いていったメキシコ旅行の本につまずいた。それをきっかけに、「しばらくどこかに行ったほうがよさそうだ。たぶん、メキシコがいいだろう」と考えた。決め手になったのは、ガソリンスタンドで給油しようとしたとき、給油ポンプの上に誰かが置いていったらしいメキシコの地図があったことだ。それらは私にとっては十分なサインだった。メキシコに出かけることにした。

どこへ行こうとしているのか分からなかった。メキシコはかなり広大である。だが、当時の精神状態では、どこに行こうと違いはなかった。ただメキシコに行き、あとは天に任せることにした。友達や家族は、私が何の予定もなくひとりでメキシコへ行くことについて、さして興味を示さなかった。追剥についての警告や、メキシコ人がよそ者を白い目で見ることについての注意をたくさん受けた。私は多少スペイン語を話せたが、その程度の語学力では、トラブルに巻き込まれてもしかたがなかった。とにかく、私はメキシコに向けて旅立った。メキシコ湾に面した州を通り、テキサスを突っ切って下った。車を運転している最中、呼吸に意識を集中し、腹の中で「ムー」という音を発した。頭の中で一日中しゃべりつづける声を聞くことだけは、絶対に避けたかった。毎晩、森の中に車を停める場所を見つけ、そこで瞑想し、眠った。私が最終的に落ち着いたノース・セントラル・メキシコまで下るのに数日かかった。

メキシコの田舎である晩、車を停めておける森が見つからなかった。道路脇に車を停めておくのは不安だったが、どうしていいか分からなかった。そこで一般道を逸れて山裾の小さな丘の一つを登っていくと、素晴らしい眺望の、草で覆われた牧草地の頂上に辿り着いた。柵も家も見えなかったので、そこで一夜をすごした。

翌朝、目を覚ました私はあっと息を呑んだ。牧草地の上に霧が漂い、見事な朝焼けの色が見えたのだ。あまりにも美しかったので、外で朝の瞑想とヨガをした。とても深いところまで行き、探し求めていた平安のこだまに包まれた。牧草地の丘には何週間も留まった。そして毎日、瞑想とヨガの時間を増やしていった。精神が鎮まり、心はふたたび呼吸しはじめた。

ある朝、バンのサイドドアをたたく音がしたのでびっくりした。とても恐ろしかった。とうとう追剥に見つかったのか。それとも、この土地の持ち主がピストルの銃口を突きつけて私を追い払おうとしているのか？　ドアを開けると、そこに八歳ぐらいの男の子が手に箱を持って立っていた。

「Esta leche es de mi mama para el Americano en la colina」

私は必死で訳してみた。

「このミルクは、ぼくのお母さんから丘にいるアメリカ人へどうぞ、ということです」

私は感動し、少年に心から感謝した。私は、いつものように最悪のことを考えていた。ところがどこともわからないメキシコの真ん中で、こんな素晴らしい親切に出逢ったのだ。

頭の中の声は、人生があてにならないものだということを私に信じこませてきた。だがそうではないことを私は学びつつあった。その気になりさえすれば、必要な経験がもたらされる。重要なのは、わが身に起る出来事の流れを初めて人生の計らいとみなしたことだった。

つきつめれば、車を停めて数週間、瞑想と孤独のうちにすごす最適な場所を用意したのは、私ではなかった。ましてや少年からの親切な訪問を受けたのも、私の仕組んだことではない。人生がそれらを私にもたらしてくれたのだ。私はただその流れに従っただけだった。私はこれらの経験のすべてを人生からの贈り物とみなしはじめていた。

7章　怯える人間

私にとってメキシコは素晴しいところだったが、そろそろ帰りの旅を始める時がきていた。私はまず北に向かった。その日の夕方、舗装されていない道から脇道に入ったところに、その晩すごせそうな小さな湖を見つけた。とても静かな場所だったので、翌朝、朝の瞑想をした後、そこに留まって水浴びをした。そのうち午後の瞑想の時間になったので、丘を登り、人目のつかない場所を見つけてヨガのポーズを取った。毎日行なっているポーズを半分ほどやり終えた頃、遠くから何人かの人の声が聞こえてきた。不安になったが、自分の内部の「怯える人間」に屈するつもりはなかった。リラックスして、ヨガのポーズに身を任せた。するとと不安が消えた。

次に私を驚かせたのは、馬がいななく音だった。先ほど聞こえた声よりずっと近くから聞こえた。追剥だ、そう確信した。人の声と馬の鼻息がすぐ近くで聞こえた。リラックスなどしていられなかった。そのときの精神状態を正確に表現するなら、不安でたまらず、ひどく怯えていた、と言ったほうがいいだろう。私の中のすべてが、すみやかにヨガをやめ、目を開けて、自分がどんな危険にさらされているのかを確認することを望んだ。だが、内部の「怯える人間」から逃れるために培ってきた自制心だけはそうではなかった。恐怖の背後から、鋼のような指令が聞こえてきた。「内部の動揺を超越する、このチャンスを逃してはならぬ」。私は、挑戦するつもりで、目を固く閉じ、深呼吸した。出来事の真っ只中で、安らぎの状態を求めたのだ。

ヨガのポーズを一通りやり終えた後は、三〇分の瞑想をするのが習わしだった。「怯える声」がそれを省略するよう懇願するのを見つめていた。馬はどこにも去ってはいなかった。馬の息づかいが、馬に乗っている者たちの囁きと共にすぐ前から聞こえた。実際のところ、するべき決断などなかった。そこから立ち去りたいと必死に願っているのが内部の「怯える人間」であることは、はっきり分かっていた。私は彼から自由になる必要があった。深呼吸し、完全な蓮華座の姿勢を取った。腹部で「ムー」という音を出し、無駄だと思いながらも、心の声を消そうとした。私にとって、それは重大な決意の瞬間だった。

目を開けると、目の前に二頭の馬がいた。三メートルも離れていなかった。馬に乗っている二人の男性は、どう見ても追剥ではなく牧場の作業員のようだった。彼らは煙草を吸い、ひとりはもうひとりの男のほうを向いて横座りで鞍にまたがっていた。私が瞑想状態から現実に戻るのを見ると、彼らはスペイン語で話しかけてきた。彼らの言うことがほぼ理解できたことに私は多少驚いた。なにより、彼らが私に話しかけているという事実そのものが、疑いなく良い兆候だった。私はほっとした。その後で起った一連の出来事は、心に消し難い印象を残し、内部の「怯える人間」に人生をもて遊ぶのをやめさせる役割を果たした。二言、三言、言葉を交わした後、作業員たちは、湖のそばに停めてあるバンは私のものかと尋ねた。頭の中の声がすかさず、「気をつけろ、奴らは車を奪おうとしているぞ」と囁いた。その声を無視した。すると馬上のひとりが、私を馬に乗せバンを停めてあるところまで運んでやると言って手を差し出してきた。私も手を伸ばした。私は都会育ちの人間である。水着を着たまま、見知らぬメキシコ人と馬の背中に相乗りするなんてことはありえないことだった。丘を降りるとき、頭のてっぺんからつま先まで、平和な気持ちに包まれていた。素晴らしい経験だった。もし自分の中の「怯える人間」の声に従っていたなら、決して経験できなかっただろう。

バンまで戻ると、カウボーイたちは金持ちの地主のためにこの土地で働いているのだと語りはじめた。彼らはみんな貧乏で、地主は池で魚を釣ることさえ許してくれないのだという。ひとりが牧場の雇用人たちが住んでいるほうを指さし、翌日去る前にぜひ立ち寄るようにと誘ってくれた。私たちは何年来の友達だったかのように親しみをこめて別れを告げた。私はとても解放された気分になり、自分のしている経験を振り返ってみた。私はいくつかとても深い変化を経験してきたが、その晩、特別な一日を与えてくれた人生に感謝したのを覚えている。私の中にあった痛みや動揺は収まりかけていたが、絶対的な平和と静寂を望む願望はまだ心の中で燃えつづけていた。

翌朝、日課の瞑想をした後、北への旅を続けるため荷物をまとめた。そこを去る前、前日会ったカウボーイが住んでいる場所へ砂利道を下ってみることにした。草ぶき屋根の泥土造りの小屋が一五棟から二〇棟ほどある場所に出た。本で読んだことはあったが、実際に草ぶき屋根の泥の家を見るのは初めてだった。それ以上進もうかどうか決めかねていると、昨日出会ったばかりの友達のひとりが小屋から走り出てきて挨拶した。

私はバンを停めて、新しいアメリカの友人を村人に紹介することに興奮しているそのカウボーイについて行った。なにもかも原始的であることに驚かされた。小屋の床は土間になっており、壁には窓とおぼしき四角い穴があるだけで、他に何もなかった。入口にドアはついていなかったし、壁に開けられた穴にも窓はなかった。そこで出会った多くの人は、アメリカ人を見たことがないような目で私をじろじろ見た。実際、アメリカ人を見たことがないことを直後に知った。私を悩ませつづけていた頭の中の声は、私がそこにいた数時間の間、一言も声を発しなかった。すべてが新しいことだらけだった。とても自然で、地に足が着いていた。私は赤ん坊に授乳している女性たちといっしょに小屋の中に座った。そのような場面を見たことはなかった。実際、自分の文化が自然を著しく歪め、自然なことがもはや自然ではなくなっていることを恥ずかしい、と感じている自分に気づいた。

外に出て、さらに村を見て回った。友人の小屋に近づくと、彼は馬に乗れるかと尋ねた。もう何年も前のことになるが乗ったことがある、と答えた。最後に乗ったのは十二歳のサマーキャンプの折りだったが、英国式の鞍をつけていたことは言わなかった。彼はまったく予期せぬことをした。私に手綱を手渡し、前方に広がる野原のほうを指さしたのだ。怖気づいている暇はなかった。自分が何をしているか知っているかのように、私はサンダルを履いた足をあぶみに入れ、鞍にまたがった。広々とした野原を馬に乗って駆けたらさぞかし爽快だろう、と常日頃思っていた。偶然の巡り合わせで、知った者など誰もいないメキシコのど真ん中で、その夢が叶えられようとしていた。村人たちの何人かが見物に集まってくる頃には、多少、馬に慣れていた。それから広々とした野原を風のように駆け巡った。まさに飛んでいるような感じだった。ずっと続けてきた厳格な禅の修練と違い、うきうきと心が躍った。

さらに数時間、好奇心の強い何人かの村人とアメリカ的生活について話し合った後、彼らに別れを告げた。夕飯に招待されたが、夕方の瞑想の時間になっていた。彼らが食料を欲しがっているにもかかわらず釣りをすることさえ許されていないことを思い出し、私はバンに戻って、後部座席の下にストックしてあった大量の玄米と乾燥豆を引っ張り出し、食事を用意している女性たちに手渡した。女性たちがあまりに感謝するので、私は思わず涙ぐみそうになった。それらの食料は私にとっては大したものではないが、彼らにとっては、とてもありがたいものだったに違いない。これは忘れることのできない一つの人生のレッスンになった。人を助けることの喜びを知ったのだ。

車を出す前に、みんながバンの周りに集まり、別れの言葉をかけてくれた。私はほぼ一カ月、誰とも接触せず沈黙と孤独の中で生きてきた。ところが、今や有名人だった。こんなことがどうして起きたのだろう？　私にとっては明白だった。自分自身を手放したら、特別なことが起きたのだ。私は孤独や恐怖に進んで直面し、安心を求めなかった。にもかかわらず、ひとりでに何かが起きたのだ。素晴らしい実験の種が蒔かれたことをまだ知らなかった。

8章　予期せぬインスピレーション

メキシコでの体験を通して、私はずいぶん成長したと思う。人生を起るがままに受け入れる術を学ぶのは、私にとって新鮮なことだった。その結果、私はとても自由になった。ゲインズビルに戻る頃までには、私の心と精神は格段に安らいでいた。問題は住む場所がなかったことだ。以前住んでいた家は町の東部にある石灰坑に近い森の中だったので、人里離れたその場所に戻り、バンの中で暮らしはじめた。私に必要なことは、ひとりでいること、さらなる修練、そして最低限の食料だけだった。

博士課程を修了できる可能性は急速になくなりつつあるのは分かっていた。必須の授業はもう少ししか残っていなかったが、資格認定試験と博士論文の提出があった。経済学の教授になりたいという願望は残っていなかった。そんなことよりも自分の心の奥底を探求したかったのだ。どのくらい深く瞑想に入れるか、それが唯一の関心事だった。

経済学部学部長のゴフマン博士は私にとっては父のような存在だった。私は彼を愛し、とても尊敬していた。彼は私が博士課程を終えるよう励ましてくれていた。彼は、私がしていることを若者特有の一時的な気の迷いにすぎず、そのうち、そうした状態から抜け出すだろうと考えていた。彼は、私が奨学金をもらいつづけられるよう手配し、少なくとも博士課程の授業だけは修了するよう強く勧めていた。彼に対する尊敬の気持ちから、私は定期的に町まで車で行き授業に出ていたが、頻繁ではなかった。

最終的に私は、人生で起る出来事には何ごとにも学ぶべき点があり、自分の成長につながることを学んだが、その時点では、まだそのようには考えられなかった。私にとって、まず瞑想があり、その他のことすべては二の次だった。私は学業を内的成長に関わりのあるものとみなしていなかったが、自分の受けていた授業に関連してとても啓発的な体験をした。その授業を担当していた教授は評判の経済学者だったが、進歩的な人ではまったくなかった。私は欠席することが多く、出席する際には、素足にジーンズといういでたちだった。私はその教授に気に入られているとは思っていなかった。ある日、彼は私に、この科目で良い成績を取りたいと本当に思っているのかどうか尋ねた。君は試験で好成績を取れるだけの努力はしているが、出席日数が不足しているため高評価の条件は整っていない、と彼は言った。最終論文の提出が残っているのを知っていた私は、論文に全力で取り組むことを伝え、これまでの試験の結果とその最終論文の質で成績をつけてもらえれば嬉しいと答えた。考えてみよう、と彼は言った。

最終論文を書く時がきた。自分の精神状態が、図書館で素晴らしい論文を書くためあれこれの資料に当たるのにふさわしくないということは分かっていた。頻繁に瞑想をしていたため、頭はとても静かな状態だった。与えられた課題についてリサーチし、考えることに何日も費やすのはごめんだった。論文を書くには、何か他の方法を考え出す必要があった。ある晩、私はメモ用紙と数本のペンを寄せ集めた。瞑想の後、石油ランプに火をつけ、折り畳みテーブルの前に座った。そして自分に言い聞かせた。「私は今のところ、博士課程を修了するつもりはない。だから、このクラスでの成績の良し悪しは気にしない」。それによって、精神的、あるいは感情的なプレッシャーはなくなった。それから、課題について考えついたことを何でも書こうと自らに告げた。参照する本は何も持っていなかった。あるのは、プレッシャーのない、明晰な心の自然な論理だけだった。書きはじめると、思考が流れ出した。自分が何を書いているのか気にしなかったし、自分の考えに批判的になったりしなかった。それは、まさに瞑想のようなものだった。私的な自分を締め出し、自由奔放な直観が流れるままに任せた。

すると、私の内部から直観のひらめきが湧き出てきた。最初、何を書こうとしているか分からなかったが、今や自分が何を書こうとしているか分かった。まるで、静かな心の背後に突如、知識の雲が形成されたような感じだった。それは稲妻の閃光のように素早く、力強く起った。最初、いかなる思考も伴わなかった。思考というよりも、一つの感情があった。論文がどこへ向かっているのか、どうすればそこに辿り着けるのかが分かった、という確かな感覚だった。それから思考が形成された。最初はゆっくりと、その後、勢いよく噴出した。それらを論理的な流れにまとめなければならなかったが、種はすべてそこにあった。まさしく驚くべきプロセスだった。私は書きまくった。前提で始まり、議論を経て結論にもっていく完全な論理的プレゼンテーションでノートを次々に満たした。途中、論理的関係を示す図表や、以前クラスで読んだり聞いたりした事実の言及もちりばめた。それらの事実は後に磨きをかけたり脚注をつけたりする必要があったので、そのための空白を残し、頭に浮かんでくることを書きつづけた。止めるものは何もなかった。出来ぐあいを心配したり、判断したりすることもなかった。ただプロセスが展開していくままに任せた。

芸術家が作品を創作する際、最初にインスピレーションを得、それを物質的な次元に落としていく。その晩、バンの中で私に起きたのは、まさにそうしたプロセスだった。論文全体のインスピレーションが突然湧き、心でそれを消化し、形にしていったのだ。私の作品は、彫刻でも絵画でも交響曲でもなく、経済学の論文だった。出所は芸術と同じだが、その表現手段が大理石や絵具ではなく、論理的思考というわけだ。私にはインスピレーションがどこからくるのか分からなかった。分かっているのは、一瞬のひらめきで博士論文レベルの論文を書くために必要な材料をすべて手に入れたということだった。その後、数日かけて草稿を仕上げ、タイプして、提出した。最終的には三〇頁を超える論文になった。その科目でAをもらっただけでなく、論文を返すとき、教授は自分の下で博士論文を書いてみないかと私に尋ねた。私は遠慮した。

四〇年たった今、それについて語っていることから明らかなように、この夜の経験は私に深い影響を与えた。創造的なインスピレーションと論理的思考の違いを、私は鮮明に見た。思考がどこからくるか分かったが、インスピレーションはどこから来たのだろう？　それは思考が出てくる場所よりもっと深いところからやってきた。努力も動揺もない完全な沈黙の中から、自発的に出現したのだ。どんなにがんばっても、論理的思考だけでは、あの論文は書けなかっただろう。日常的にそうしたインスピレーションの輝きに触れる方法があるのだろうか？　何年もたってから最終的に、私はそのような創造的なインスピレーションの中で常に生きることが可能だということを学んだ。

9章　約束の地

オカラ国有林で深い瞑想体験をしてから数カ月がたった。その経験の名残で、眉間に絶え間ないエネルギーの流れを感じていたし、もっと深く自分の内面に入っていきたいという渇望を感じていた。どちらも時間がたつにつれて弱まることはなかった。実際、自分の内面にもっと深く入り込みたいという渇望は日ごと増していった。猛烈に恋をしているのに愛する人に会えない、という感じだった。私は完全にドロップアウトして隠遁生活に入ることを考えはじめた。必要な履修科目は修了していたし、直ちに資格認定試験を受けなければならない理由もなかった。その頃には、自分はきっと試験を受けないだろうという思いがかなり強くなっていた。瞑想の修行に専念するには、人里離れた何ごとにも煩わされない場所が必要だと思った。石灰坑のそばで永遠にキャンプをしつづけることができないのは分かっていた。だが、自分だけの隠遁の場所を探す心の準備ができていなかった。そこで、お告げがあるのを待つことにした。すると、お告げがあった。

ある日車にガソリンを入れていると、どこに住んでいるのかとだしぬけにスタンドの店員が私に訊ねた。ここしばらく車中生活をしているが田舎の静かな場所を探している、と私は答えた。すると、ゲインズビルの北西で美しい場所を見かけたことがあると店員は言った。売りに出されている五エーカー（1エーカーは4046平米。坪に換算すると1224坪）の土地だという。そこへの行き方を教わり、別れた。数日後車でその場所に赴き、エイプリル・ギフト不動産という看板を見つけた。町から約一〇マイル（1マイルは1・6キロ）ほど北に行った深い森の中だった。各五エーカーの土地二一区画から成っており、中に数本の未舗装道路が走っているだけだった。区画はほとんど売れていないらしく、誰にも会わなかった。自然に囲まれたとても平和な場所だったので、ほぼ忘我の状態で車を運転していた。非の打ちどころがなかった。ほどなくすると一部が森で、一部が野原になった、いくつかの区画が隣接する場所に出くわした。それこそまさに自分が求めていたものだった。車を停めて、野原のほうに向かって森の中を歩いていった。森を抜けて、突然開けた空間に出る感覚は信じがたいものだった。光がどっと目に入ってきて、一気に広がる感覚があった。

私は地所の北側にある囲いのほうに向かって、なだらかな丘を登っていった。その地所は、森の中を流れる小川に向かって下っていく美しい牧草地に接していた。北側全体が、その息を呑むような景色を見渡せる場所にあった。その光景はホメロスのエリュシオン（死後の楽園）の表現を思い出させた。私はぶらぶら森の中に引き返し、目の前に開けた野原、右手に牧草地が見える場所を木の下に見つけた。とても静かで、護られているような感じがした。子宮の中にいるようだった。そこに座ったとたん、深い瞑想状態に引きずりこまれた。瞑想から目覚めたとき、ここが家だと分かった。

私はそれまで土地を買ったことなどなかったが、いくらか資金があった。大学を卒業するとき、父は学費を貯めるための口座に残っていたお金を私にくれた。大学院の費用は自分で責任を持つ、というのが父の望みだった。私は修士課程と博士課程の学費を全額奨学金でまかなっていたので、父がくれた一万五千ドルのほとんどを貯金することができた。今がそれを使う時だった。野原を含む隣接する区画を両方買うことにした。そこなら楽に隠遁生活ができるだろう。地主に接触する前に、一〇エーカーの土地に支払うお金の限度額を決めた。売却価格よりはるかに安い額だったが、売り手がこちらの提示する額まで降りてこなかったらこの話はなかったことにすると自分に言い聞かせた。どちらに転ぼうともまったく平気だった。後で分かったのだが、この超然とした態度が交渉をうまく進める後押しをしてくれた。こうして私は土地の購入に成功したが、とくに喜びはなかった。感じたのは、断固とした決意の感覚だけだった。前途に横たわっているのは簡単なことではなかった。すでに私は自分を超えるものを探求することに、自分の多くを捧げていた。今や、すべてを捧げる時だった。

10章　聖なる小屋

ボブ・グールドは高校に入学して以来の友達だった。私たち二人とも北の州からフロリダに引越してきて一〇年生に編入された。すぐに仲良くなり、大学までずっと親しい友達だった。ボブは器用なタイプで、工作のクラスではいつも秀でていた。私が自分の土地に瞑想小屋を建てる段になったとき、彼はそのチャンスに飛びついてきた。ボブも私もこれまで人が実際に住めるような小屋を建てたことなどなかった。私は手先が器用なほうで、高校時代、スポーツカーの修理工をやっていたことがある。しかし小さくても家を建てるとなると、私たちの手には負えなかった。ひとりになれる小さな小屋を建てるのがどのくらい難しいのか見当もつかなかった。そこで、大学の友人ボビー・アルトマンに連絡を取った。ボビーは実際に家を建てた実績はなかったが建築学の修士号を取得したばかりで、少なくともどのようにして家を設計し建てるかの理論は知っていた。

ボビー・アルトマンはそれが難しいことだとは考えていないようだった。あっというまにバルサ材を使った小屋の設計をした。最初、それを見たときのことを覚えている。こいつは頭がおかしい、と本気で思った。それはひとり用の小さな瞑想小屋というものではなかった。フロントが幅一六フィート（1フィートは０・３０４メートル）、高さ二〇フィートの美しいガラス張りで、奥に行くに従って狭まっていくV字型の家だった。正直に言うと、私はドア一つといくつかの窓がついた箱型の家を想像していた。これまで小屋も何も建てたことのない三人の大学院生がどうやったらこんな家を建てられるだろう?

ボビー・アルトマンは簡単に建てられると主張した。ボブ・グールドもボビーに同意した。私には判断がつかなかった。ボブは三人でテント生活をしながら家を建てるのは面白い挑戦だと考えていた。私はそう思っていなかった。すでにフルタイムの挑戦をしていたからだ。絶対的な静寂と平和に満たされた最愛の場所に戻る、という挑戦である。だが、その場所に行きつくために建築学的見地に立って設計されたこの瞑想小屋を建てなければならないのなら、それはそれでいいと思った。

ボビー・アルトマンが考えたシャレー（スイス地方の農家）風の山小屋を建てるためのお金はわずかしかなかった。コストを最小限に抑えるため、製材所で売っている製材済みの木材を使う代わりに、粗挽《あらび》きの木材を使うことに二人のボブは同意した。幸運なことに、私の土地から二、三マイル高速道路を下ったところに、グリフィス・ランバー・アンド・ソウミルという製材所があった。オーナーのジェームズ・グリフィスとその妻は生粋の南部の人間で、私たちのようなロングヘアではなかった。材木を買いに行くたび、私たちは多勢の人から不審な目で見られた。髪型だけではなく注文するものでも、私たちは目立った。最初に買い求めたのは、家の屋台骨となる一一本のイトスギの柱だった。二九フィートもの長さがある柱で、木と呼んでもいいぐらいだった。ジェームズ・グリフィスは木材用の運搬トラックが到着すると、私たちが手で触ってまっすぐな木を選ぶのを許してくれた。作業員たちが私たちの選んだ木を一本一本巨大な切断機にかけ、〇・五インチ（1インチは2・54センチ）の誤差で一辺六インチの角材に切断するのを私たちは見ていた。本物の木が自分の家の背骨となっていくのを見ていると、ほっとする感覚があった。

そのうちに、グリフィスさんは私たちに心を開いてくれるようになった。ある日、私たち三人を家での夕食に招待してくれた。彼の家は製材所に隣接していた。家庭でのまともな食事にありつけることは私たちにとって一大事だった。なにしろテント暮らしで、焚き火で料理できるものだけしか食べられなかったからだ。ほぼ半年近くバンかテントで暮らしてきた私にとっては格別だった。単に家庭料理にありつけるというだけではない。本物の家に入れるだけでも、私にとって新鮮なことだった。グリフィスさんの家は温かみのある田舎家だった。壁は、昔この土地で切り出された斑点のあるイトスギでできていた。グリフィス夫人は私がベジタリアンだということを聞いていたので、野菜たっぷりの南部料理を作ってくれた。会話は暖かく、フレンドリーで、全員が家族のような雰囲気だった。話の最中グリフィスさんが忘れられないことを言った。「君たち三人に会う前は、ヒッピーはこの世でいちばん汚くて下品だと思っていたんだ。ところが、ごらんの通り、わしらは君たちが大好きになっちまった」

それは、一つの美しい瞬間だった。それを機に、こうした信じられない経験はどこからくるのだろうと考えるようになった。心を揺さぶる予期せぬ出来事が次々に起り、人生を導いているような気がしたからだ。

数週間たつと、家が形になりはじめた。外周りに外壁用の建材であるサイディング・ボードを貼りつけると、内部空間が実感できるようになった。すると、ボビーが考えてもみなかった疑問を呈した。「だれが電気の配線をやるんだ？」。私は今まで電気の配線などやったことがなかったが、志願した。ボビーは授業で使ったことのある電気配線のテキストを私に手渡し、あとは任せると言った。私に家全体の電気システムを構築する能力がある、とボビーが確信しているのは驚きだった。しかし彼がそう信じているなら、できるはずだ。実際にやり遂げた。

ある偉大な霊的な教師がこんなことを言った。「毎日、自分が噛めると思うより多くのものを噛み切り、噛みなさい」。人生はいくつかの大切なレッスンを私に教えていた。

マツ材で家全体の床を張り、家の前と後ろにヒマラヤスギのウッドデッキをしつらえた。浴室に関しては、配管工を雇い、鋳鉄製の配管用パイプをむき出しのまま設置してもらった。その頃には、家は独自の生命を持ちはじめていた。私たちは家を建てることに心血を注いだ。自分たちがなし遂げたことがとても誇らしかった。私にとって簡素な瞑想小屋を建てる計画として始まったが、それは比類のない人生経験へと変貌した。しかし、私はそれを切望していたのではなかった。私が本当に望んでいたのは、ひとりっきりになって、心の唯一の願望——絶対的な平和と静寂と自由——を満たすことだった。家が完成し、とうとうそれに取り組む時がきた。

1971年11月。私が望んだのは小さな瞑想小屋だった。ところができあがったのはまったく違っていた。

11章　汝僧院へ行け

一九七一年十一月、新しい家に引越した。それが十一月だったと覚えているのは、引越し直前に姉のケリーとその夫が感謝祭を祝うために、私に会いにマイアミからやってきたからだ。普通の生活を送っている彼らにとって、森の奥に住むヒッピーに会いにくるのは勇気のいることだった。夫のハーベイは会計士として成功しており、彼らは素敵な家と快適な生活環境に慣れ親しんでいた。彼らがやってきたとき、私はバンから新しい家に引越す最終チェックに追われていた。ハーベイは最後に残っていた二つの窓の取り付けを手伝い、感謝祭のディナーを一緒に食べようと言った。ということは彼らも屋外で岩石の上に座り、焚き火で調理できるものを食べることを意味していた。思うに、彼らは私がまだ正気でいるかどうかチェックしにきたのだろう。私は長い間電話を持たずにいたから、家族は心配していたに違いない。

ケリーとハーベイが帰ると、新しい家にひとりでいられるようになり、嬉しくてたまらなかった。私が望んだのは瞑想に集中できる簡素な場所、それだけだった。気づきが始まって以来、私は自分が何ものかを知りたいと切に願っていた。頭の中の声をじっと見つめている内部の人間の正体、それを知りたいと。

最初の体験以降、頭上から何かが降りてきて私のポニーテールをつかみ、引っ張り上げているように思えた。私の生活は根本から変わった。自己を超越する感触を味わったことで、私の心に火がついたのだ。私の内奥で燃える火は一瞬たりとも消えることはなかった。それは帰郷を促す合図や呼びかけのようだった。この時点で私が知っている、自己が消滅するあの静寂な場所に戻っていく方法は瞑想だけだった。そして今、誰にも邪魔されずに瞑想に思う存分打ち込める美しい場所に座っている。私は敬虔な気持ちになって頭を下げずにいられなかった。「ここは私の寺院であり、僧院である。有効に使わなければならぬ」。そう自分自身に誓った。

私にとって驚きだったのは、隠遁生活にきわめて自然に入っていけたことだ。毎朝三時に起床し、二、三時間座って瞑想した。その後、野原で歩行瞑想をした。その頃はまだ、集中するという考えにこだわっていた。歩くとき、一歩一歩の足取りと身体の動きを敏感に感じ取れるようになった。そのことが朝の瞑想で感じた心の平和を長引かせる助けになった。それから昼の瞑想の時間まで、外でヨガのポーズをとった。毎日、一連の自己鍛錬をきちんと行なった。そのライフスタイルを厳格に守った。それまでに経験したことがないものだった。アスリートがオリンピックのための訓練にすべてを捧げるように、抵抗する自分を捨てる作業に私は喜んですべてを捧げた。

食べ物が修行に大きな影響を与えていることに気づくまで、長くかからなかった。食べる量が少なければ少ないほど、瞑想状態に入っていくのが容易になった。そこでどのくらいの間食べないでいられるかを試してみた。私が辿り着いたバランスのとれた食べ方は、一日おきに夕食として少量のサラダを食べ、その間は断食するというものだった。私の狙いは、外へ注意を引く可能性があるものすべてを絶つことだった。そうすることで、より深く内面に集中することができた。

夜の日課は日没と共に始まった。どういうわけか、日没は私を瞑想に引きずりこむ力に著しく影響を与えた。太陽が沈みはじめる前に、いつも瞑想用クッションの上に座っていた。二、三時間瞑想した後、二階に上がって寝た。目覚まし時計を持っていなかったが、毎朝三時に自然に目が覚め、また厳しい修行を始めた。

規律正しく修行に励んでいれば、低次の自己が消滅し、邪魔しなくなるだろうという考えをどこで手に入れたのか分からない。だがおよそ一年半の間、私はそうやって生きていた。以前の生き方を牛耳っていた私の部分は、新しい生き方の中で居場所がなかった。出番をなくした彼は日ごとに反撃の力を失っていった。とはいえ、騒々しくてわがままな部分が消えてしまったわけではない。単に厳しい鍛練を受け入れはじめただけだ。うまくいったと思ったが、すぐに自分が間違っていることに気がついた。

12章　弟子に準備ができたとき、師が現われる

私の人生で、学業以外で本を読むことが重要な役割を果たしたことはそれまで一度もなかった。けれども、私が読む準備ができたちょうどそのときに『禅の三本柱』が目の前に現われたように、私が新しい家に引越す直前に、もう一冊の本が私の前に出現した。私と同じように、ヨガや瞑想にのめり込んでいる友人のボブ・メリルがくれたものである。

私がまだバンで生活していたある日のこと、ボブはインド出身の聖者パラマハンサ・ヨガナンダが書いた『あるヨギの自叙伝』（森北出版）という本をくれた。その晩、すぐ読みはじめようとしたことを覚えている。だが、二、三頁で読むのをやめざるをえなくなった。気に入らなかったからではない。一語一語が私を深い瞑想状態に引きずりこみ、読みつづけることができなくなってしまったからだ。翌日の夜ふたたび読もうとしたが、同じだった。何が起きているのか分からなかったが、その経験にとても興味をかきたてられた。私は新しい家に引越すまで、本をしまっておくことにした。引越しを終え本格的な瞑想生活を始めてから

読みだした。

読み進むにつれ、私はなじみのない世界につれていかれた。インドの聖者の人生物語に自分を重ねて読むことができたのは、私自身も変容体験を経てきたからだったと思う。とはいえヨガナンダが泳いでいる大海に爪先を突っ込んだだけだ、ということが分かった。彼は、私がずっと探しつづけてきた知識と経験のすべてに通じている先達だった。それを骨の髄まで感じることができた。ヨガナンダは、私が超えたところをはるかに超えたところまで行き、完全には戻ってきていなかった。彼はそうした状態に浸ったまま現実の世界と行き来する術を学んだのだ。

師を見つけた、と確信した。

もはやひとりで内的な旅をしているのではないと思うとほっとしたが、解決しなければならない問題がまだいくつかあった。第一に、「神」という言葉は私の日常の語彙に含まれていなかった。ヨガナンダはその言葉を、呼吸でもするかのように自由に使っているだけではなく、びっくりするような深い信仰心を持って使っていた。ヨガナンダが書いた歌の中に、彼の情熱がもっともよく示されている。

わが心は燃え、わが魂は炎を上げる。

ただあなたのために、
あなたのために、
あなたのために、
ただあなただけのために。

興味深いのは、私はそれに共感できたことである。内奥の美しい場所に触れたため、私の心もまた燃えていたからだと思う。実際のところ他のすべてのことはどうでもよかった。私が望むのは、瞑想をして自分自身を超えたところに行くことだけだった。私は、神を自分の内奥に隠されている場所に関連づけることができた。仏陀が「涅槃」に至る途上で、絶対的な静寂と平和を通過したことを禅から学んだ。キリストが「王国はあなたの内にある」と言ったということを私は聞いていた。聖書がすべての理解を超えた平安について語っていることに、私はやっと気づいた。私は自分の中のそのような場所について、すでに知っていた。私の全人生を完璧に変容させてしまうほど深い平安があるその場所を。

最初、ピンとこなかったもう一つの言葉は「スピリット」（霊）だった。それはキリスト教用語だと思っていたが、ヨガナンダは頻繁にその言葉を使っていた。彼は霊を呼び出すことや、身体の中でその鼓動を感じることについて語っていた。また、持ち上げた両手を通して霊が出入りすることについても述べている。彼は、私が深い瞑想をするようになって以来体験してきた、あの強力なエネルギーの流れのことを言っているのだろうか？　私はエネルギーが眉間から両腕を通って下降し掌から出ていくのを頻繁に感じた。「霊」という言葉がこの内的なエネルギーの流れを指す別名だということはありえるだろうか？　眉間が、ヨガナンダが第三の眼とかスピリチュアルな眼と呼んでいるものの場所だということがありえるだろうか？　ヨガナンダの教えを自分自身の経験に照らして理解できることに、私はだんだん気づくようになった。

『あるヨギの自叙伝』は、私の身に起ったすべてのことについての見方を変えてしまった。本を読み終えると、神はもはや私にとって単なる言葉ではなくなった。私が行きたい所を表していたのだ。私は、頭の中の声を見つめている私とは何ものなのかを知りたいと思ってこの探求の旅を始めた。今や、あらゆる宗教的伝統の偉大な聖者やマスターが個的な自己を超越し、スピリチュアルな自己を見出したことを知った。ヨガナンダはそれを「自己実現」と呼んだ。その時点での私の人生を言い表すのにそれほど適した言葉はない。自己実現。私は、自分を見つめている内部の存在、つまり真実の内奥の自己を実現したかった。

本をくれたボブ・メリルは、ヨガナンダがアメリカで創立した組織、セルフ・リアライゼーション・フェローシップ（Self Realization Fellowship）でレッスンを受けたと話してくれた。

ヨガナンダは一九五二年に他界したが、親切にも自分の教えを週一のレッスンの形で残してくれていた。通販の花嫁修業というのは聞いたことがあったが、通販のグルのレッスンなど、初めてだった。私はすぐにレッスンに登録し、日々の修行項目に加えた。初めて聖書を読もうと決めたのも、その頃だったと思う。新約聖書はそれまで読んだことがなかったのだ。とても示唆に富む内容で、ほとんどの教えは私が瞑想で経験していたことと完全に一致していた。たとえば、生まれ変わるには死ななくてはならない、という考え方がある。それは自分がずっと目指していることだった。個としての自己が死んで、スピリチュアルな存在として生まれ変わるということだ。私は瞑想するときの祭壇の上に、キリストとヨガナンダの絵を飾った。私の前に、この道を歩んだ偉大な存在が何人かいたのだ。ひとりではこの道を歩めないこと、何かしらの助けが必要だということを実感しはじめていた。

第2部

偉大な実験が始まる

13章　サレンダー・イクスペリメント

それまで私の内的自由の探求の道は、瞑想が中心だった。瞑想は、深い平和と安らぎの感覚をもたらしてくれた。それに、ある程度うまく瞑想ができているという感覚もあった。何時間もの間、自分を内的に高揚させてくれる素晴らしいエネルギーの流れと共に座ることができたからだ。しかし、私が真に望んでいるところに辿り着くことはできなかった。立ち上がって活動を始めるやいなや、必ず個人的な心が復活した。助けが必要だった。ある日、ひらめきに似た助けが訪れた。たぶん、やり方が間違っているのだろうと直観的に思ったのだ。絶えず心を鎮めることによって自分自身を解放しようとするのではなく、心がなぜそんなに活動的なのかを問うべきなのだ。頭の中のおしゃべりの背後に、どんな動機が隠されているのだろう？　その動機が取り除かれれば、この闘いは終わるに違いないと。

このひらめきは、私の修行にまったく新しい刺激的な次元の扉を開いた。最初に気づいたのは、頭の活動のほとんどが私の好みを中心に展開していることだった。何かについて好き嫌いがあると、私の頭はそれについて活発に語った。

私の選り好みが、人生のすべてをコントロールする方法についてたくさんの対話を生み出していることが分かった。それらから自由になるために、自分の好き嫌いについての内的なおしゃべりを聞くのをやめ、代わりに、人生の流れが私に提示しているものをあえて受け入れる訓練を始めてみようと決意した。焦点を変えれば、おそらく内部の雑音は鎮まるだろう。

この新しい修行を、とてもシンプルな天候のことから始めることにした。雨が降っていれば、不平を言わずに雨が降るままに任せ、晴れていれば、つべこべ言わずにお日様が照るのに任せる。それはそんなに難しいことだろうか？　どうやら、私の心はそれができないようだった。「今日、なんで雨が降ってるんだ？　降って欲しくないときに、必ず雨が降る。今週はずっと雨じゃないか。不公平だよ」。この無意味な雑音を次のような言葉で置き換えてみた。「雨が降っているぞ。なんて美しいんだ！」

この受容の訓練はとてもパワフルで、心を鎮めることに確実に役立った。もっとレベルを上げ、受容する範囲を広げることにした。今後、人生がある形で展開し、それに抵抗する唯一の理由が自分の好みだとしたら、自分の好みを手放して、人生の流れに任せよう。そう心に決めたのをはっきり覚えている。

私にとって、それは未知の領域だった。最終的にどうなるのだろう？　自分の好き嫌いを指標にしないとしたら、どんなことが起るのだろう？　この問いかけは怖いものではなく、逆に興味をそそった。私は自分自身をはるかに超えて、自由に舞い上がりたかった。私はそれを偉大なる実験とみなしはじめた。内的な抵抗を明け渡し、人生の流れに身を委ねたら、私はどうなるのだろう？

この実験のルールはとてもシンプルなものだった。

人生が私の前に何らかの出来事をもたらしたら、私に、自分自身を超えさせるためにそうしているのだととらえる。もし個人的な自己が不平を言ったら、あらゆる機会を利用して、その自己を手放し、人生が私に提供するものに身を任せる。

これが、自分を明け渡す実験「サレンダー・イクスペリメント」と私が呼ぶようになったものの誕生だった。その実験が私をどこへつれていってくれるのか、準備は完全に整っていた。

そのような決断をするのはおかしなやつだけだ、と思われるかもしれない。しかし、これまでに私は、人生の流れがなせる驚くべき出来事を数々経験していた。自分自身を手放し、人生の流れに従うことでメキシコの丘に導かれ、メキシコ人の村人たちと素晴らしい経験をした。アメリカに戻ってくると、美しい新たな土地に導かれ、素晴らしい家を手に入れた。私は単に簡素な小屋を建てたかっただけだったのに、思いもよらない豊かな経験をすることになった。これらは私が欲したのではないのは明白だった。向こうからやってきたのだ。実際、初めに心の抵抗を手放していなかったら、これらのことは何も起っていなかっただろう。私はこれまでの人生のほとんどを通して、自分にとって良いことは何か、それを知っているつもりでいた。だが、人生そのもののほうがもっと良く知っているようだ。私は今、人生が一定の秩序を紡ぎ出していくという非ランダムの仮説をとことん検証しようとしていた。喜んでサイコロを振り、人生の流れに身を任せる覚悟でいた。

14章　人生に身を委ねる

人生の流れに身を委ねるというのは大胆なことに思われるかもしれないが、実際、挑戦的な出来事にさらされたわけではなかった。結局私はほとんど毎日、自分の土地で静かにひとりですごしていた。一つだけの例外を除いて。博士号資格試験と論文提出を終えるまで、私は表向きにはまだ大学院生だった。それは、大学の奨学金給費生として、ミクロ経済学かマクロ経済学のコースを一学期間教える義務があることを意味していた。私の授業は一週間に三日、一時間行なわれた。私は朝と昼のヨガを終えてから、授業をするために車で町まで行き戻ってくるという生活をしていた。その頃の私は、他の人にとって一緒にいて楽しい人間ではなかったと思う。まったく無愛想だった。授業のあと、学生から質問がなければ、なるべく他人と話をしないようにした。着ている服はいつも同じだった。ジーパンにデニムの長袖のシャツ。髪は後ろに束ね、ポニーテールにしていた。サンダルか裸足だった。この格好が哲学科だったらそんなに過激には見えなかったかもしれないが、私が受け持っていたのは南部のビジネススクールの三年生レベルのクラスだった。学校当局が大目に見てくれていたのは私が人気の教師であり、学生たちが学科試験でいい成績をとっていたからだった。

度を越したある授業のことを紹介しよう。

当時、私は心を静寂に保ったまま、町まで車で行き、授業をし、家に戻ってくることを自分自身に課していた。そのために一日の多くの時点で、瞑想状態を維持する訓練をしなければならなかった。家を出る前に野原でヨガをやり、クラスが始まる前に、車の中で集中的な呼吸を行なった。講義を始める前と終える前に学生の前に立ったまま、心を鎮めるために一切の動作を止めることもあった。

その日車で学校に行き、呼吸をした後、学生で一杯の大講義室に入っていった。どういうわけか学生たちがヒューヒューと口笛を鳴らしはじめた。家でヨガをし終わってからジーパンを履いたのだが、シャツを着るのを忘れてしまったことに気づいた。裸足に、上半身裸の姿で立っていたのだ。私にとっては何の支障もなかったが、学生に向かって今日のクラスをキャンセルしたいか、それともこのまま続けたいかを尋ねた。全員続けたいと言ったので、服装のことは無視してマクロ経済学の講義を行なった。

厳格に瞑想生活を守りながら時がすぎていった。本来なら、空き時間を博士号資格取得試験の準備のために使わなければならなかった。言うまでもなく、一度も本を開いたことがなかったしそのつもりもなかった。人生のその部分を切り捨てたのだ。少なくとも自分では、そう思っていた。

ある日経済学のクラスを終えた後、廊下でゴフマン博士に会い、話がしたいと言われた。すぐに頭の中の声が、「まずいな」と言った。彼は今でも学部長であり、私の半裸事件について聞いているに違いなかった。しかし例によって、その声の判断は間違っていた。

ゴフマン博士はタラハシーの州知事の事務所から電話があったと言った。どうやら当局はゲインズビルにフロリダを代表するコミュニティ・カレッジを建設することを決めたらしい。そのために、教育的責任を担うだけでなく、資金集めや財務管理ができる力強いリーダーが必要だった。それを念頭に置き、委員会は第一線で活躍している州の銀行の役員のひとりを新しく拡張されたサンタフェ・カレッジの学長に選出した。ゴフマン博士が話している間私の心はずっとこう言いつづけていた。「なぜ僕にこんな話をするのだろう？　僕に何の関係があるのだろう？　早く家に戻らなきゃ」

すぐにその答えが分かった。フロリダの法律では、コミュニティ・カレッジの学長は博士号を持つ必要があるということらしかった。委員会が選んだ銀行役員のアラン・ロバートソンは博士号を持っていなかった。それで、同じような学術的背景を持つトップクラスの博士課程の学生をパートナーにして、彼が博士号を取るのを手伝うことにしたのだ。驚くべきことに、彼らが白羽の矢を立てたのはなんと私だった。頭の中の声がカンカンに怒った。こう叫んでいるのを見た。「いやだ！　そんなことはできない。そうしたことからドロップアウトしたんだ。自分の時間は修行に費やさなければならない。昔の経済学の教科書を引っ張り出すなんて、まっぴらごめんだ。そんなことは終わりにしたんだ！」。そうした抗議の最中、つい先日自分自身にした誓約を思い出した。人生が私の前に運んできたものに身を委ねる、という誓約である。私が見つめていたその声はスピリチュアルな助言者ではなく、何かにつけケチをつけたがる妨害者だった。自分の運転席からその妨害者を追い出す絶好の機会だった。

ゴフマン博士は答えを待っていた。私は受け入れる旨を告げようとしたが、なかなか口から言葉が出てこなかった。やっと大きな声で自分がこう言うのが聞こえた。「はい、喜んでお手伝いさせていただきます」

その瞬間、サイコロは振られた。自分を明け渡す偉大な「サレンダー・イクスペリメント」が始まったのだ。もはや私は、自分の人生の舵を取っていなかった。

15章　王子と乞食

アラン・ロバートソンへの個別指導は私のライフスタイルをそれほど変えることはなかった。私たちはスケジュールを調整し、私が授業をするために町に行くたび、クラスの終了後、アランと数時間すごすことにした。私たちは大学に近いダウンタウンの旧サンタフェ・キャンパスにある学長室で会った。他人の目には面白いコンビに映っただろう。アランは三つ揃いのスーツを着た成功した銀行マンで、私はジーンズにサンダル履きの、ポニーテールにしたヨギだった。私は何を期待すべきか分からなかったが、アランがとても温かみのある心の広い人物だということが分かった。彼のほうも私の援助をとても喜んでくれた。とはいってもギクシャクする瞬間がなかったわけではない。最初の文化的衝突は私の報酬に関することだった。個別指導に対しての報酬はいらないと私は告げた。それでも彼は払うと言い張ったが、私は断った。自分は成功した銀行マンであり、現在、大学の学長をしている。一方、きみのほうは月三五〇ドルの奨学金で生活している学生なのだから、と彼は理由を並べ立てた。

それは正しい言い分だった。私が土地を買い、家を建てるために有り金をはたいてしまったのも事実だった。それでも私は人生の流れに身を委ねる行為として個別指導をしていたので、支払いを受けたくなかった。

そうこうするうちにビジネス抜きで関係を続けることをアランが受け入れ、私たちはいい友達になった。時々、彼は私の土地に学びにやってきた。私たちはたっぷり時間をかけてよく一緒に散歩した。彼は、私のユニークな生き方を知ることを楽しんだし、私も、銀行マンのスーツの奥に隠れた格別な人物に会えるのを楽しんだ。彼の妻から何度か家での夕食に招待され、喜んで受け入れた。最初こそ抵抗があったものの、そのうちにアランとの出会いを不思議な人生の贈り物の一つとして見るようになった。

アランは博士号の資格試験を受けられるだけの十分な進歩を遂げていた。彼が私にも試験を受けたらどうかと提案したときには驚いた。試験を受けることに私はまったく興味がなかった。三つの必須課目のうち二つの準備しかしていなかったからだ。けれども、彼の勧めに従ってみることにした。私は一緒に学んだ二つの課目の試験を受ける申し込みをし、もう一つの課目の試験は後回しにするプランを立てた。ところが大学からの通知を見ると、大学側のミスで、三つの課目すべての試験を受ける申し込みをしたことになっていた。さて、どうしたらいいのだろう、成行きに任せるべきなのだろうか？

三課目めの試験を受けることが自分にとってなぜそんなに脅威なのか、私は内省した。実際のところ私は学位を取得するつもりはなかった。それなのに何を怖がっているのだろう？　発見したのは、他人の目の前で失敗することを恐れているだけだ、ということだった。まったく準備していない公共財政の筆記試験を受けたら、惨めに失敗することは分かっていた。その失敗の予測が私を不安にさせ、どうやって試験を回避するかについての、とどまることのない内的対話を生み出していたのだ。そうした内的対話を取り除く絶好の機会だった。私は大学当局のミスを問題としていなかった。自分自身を解き放つ挑戦とみなしたのだ。そこで三つの試験を全部受け、三課目めの試験に失敗するという経験を受け入れる決心をした。最初の二つの試験は順調にいった。それらの学習はアランと一緒に充分していたので、課題は非常に良く分かった。三番目の試験が近づいてくると、その避けられない事態のために精神面の強化を図った。試験に大手を振って進撃し、エゴが痛々しい死を遂げるままに任せるつもりだった。

最終的に起ったことは、私の残りの人生を変えることになった。試験の前日、初めて公共財政のテキストを取り出した。その分厚い本を屋外に持ち出し、脇に置いてヨガをした。いくつかのポーズを取った私は静寂と平和を感じ、翌日の試練に向き合う準備が完全にできていた。闘いに備えて剣を念入りに調べる戦士のように、本の任意の頁を開いた。そして目の前に開かれた頁の両面を読んだ。この儀式を三回行ない、自分を明け渡す意志を示す印として天に向けてその本を差し出した。

翌日、頭の中の声が何を言うかを注意深く観察した。事態が差し迫っているにもかかわらず、平静な気持ちでいられることに驚いた。朝の瞑想の後、もう一度テキストを取り出し、任意の頁を開いた。それが前日開いた三つの頁のうちの一つだということが分かった。私はその頁に記されている複雑な図表を復習し、本を本棚に戻した。その後、ビジネススクールの外で車を停め校舎に入る前に、しばらく瞑想をした。依然として心は平静を保っていた。ただ安らかな、諦めの気持ちがあるだけだった。そのとき、人生の真の試験に合格した、と感じたのを覚えている。もし人生が自分の望まないことを提示したとしても、完全に身を委ねることができることを私は証明したのだ。

階段を上がって、経済学部の一角へ行くと、事務スタッフの人が試験用紙を手渡してくれた。彼女の手から用紙を受け取ると、六つの小論文の問題にざっと目を通した。六問中、三問を選択し答えることになっていた。私はその場に凍りついた。目から涙が溢れた。六問中三問は前日任意に開いた三カ所の頁に載っていた問題だった。私は唖然とし、息もできないまま、その場に長い間立ち尽くしていた。どうしたことだ？　またもや起ったのだ。自分自身を超越するという名目で、私は人生の流れに身を委ね、進んで個人的な恐怖と向き合った。

すると最後の瞬間、地獄ではなく、天国に持ち上げられたのだ。

私は指定された部屋に入り、解答用紙に書きまくった。インスピレーションの種は心の中で新鮮さを保っていた。前日とその日、二度開いた頁に掲載されていた図表を、再現できたばかりか潤色することさえできた。解答用紙を提出し、思いもしなかった精神状態で家に帰った。試験を受けに行くときには、自分の一部をいさぎよく死なせる覚悟があるかどうか人生に問われているような気がしていた。しかし今や、脇道に逸れて、人生の流れに身を任せるよう、人生に求められていることを悟った。進んでそのようなリスクを負ったことが嬉しかった。

数日後、ゴフマン博士から呼び出され、公共財政の試験が優秀だったことを褒められた。学部長から認められて喜んでもいいはずだったが、実際には罪の意識を感じた。私は博士に事のいきさつを全部話して、自分が何か不正を働いたことになるのかどうかを聞いてみた。ゴフマン博士は立ち上がって、私の肩に手を置き、そんなに謙遜しないようにと言った。私は彼に促されて学部長室を後にした。

16章　見えないものに従い、未知の世界へ

一九七二年の春までに、博士号を取得するのに必要な授業の履修と資格試験を両方とも修了していた。残されたのは論文の執筆だけだった。執筆しないのは分かっていたので、気にも留めなかった。瞑想とヨガが私の人生のすべてだった。私の修行はかなり進んでいたが、まだ何かに引き止められているような気がした。それを打開する方法は、パラマハンサ・ヨガナンダが教える瞑想テクニックのクリヤ・ヨガの実践にあると思いはじめていた。クリヤ・ヨガとは神人合一をはかる古代のスピリチュアルな技法だが、一時失われた後、ヒマラヤに隠遁している不老不死の伝説的な聖者ババジによって復興され、現代に伝えられたものだ。問題は、テクニックを習得するのに一年間レッスンを受けなければならないことだった。私はＳＲＦ（セルフ・リアライゼイション・フェローシップ）にクリヤ・ヨガの講座を受講する申し込みをした。

当時、ほとんど手紙などもらったことがなかった。だから数週間後、同じ日に二通手紙を

受け取ったときは驚いた。一通はＳＲＦからで、もう一通は聞いたこともない団体からのものだった。ＳＲＦの返事がどうなのか知りたかったので、そちらのほうを先に開いた。がっかりした。クリヤ・ヨガのテクニックの講座まで六カ月待たなければならないことが分かった。落胆したが、どうしようもなかった。深呼吸をして、もう一通の手紙を開いた。一目見て、落胆していた気持ちが消失した。封筒の中に一枚のチラシが入っており、太く大きな文字でこう書かれていた。

「この夏、パラマハンサ・ヨガナンダの直弟子からクリヤ・ヨガを習おう」

驚いた。こんなことがあるのだろうか？　その人たちのことなど聞いたことがない。どうやらカリフォルニアで確立されたヨガ・コミュニティのようだったが、どうやって私を知り、住所を手に入れることができたのだろう。私はフロリダの森の中に住んでいる隠遁者なのだ。二通の関連する手紙が同時に私のポストに投函されることなどありえようか？

この興味深い疑問に対する答えがどのようなものであれ、その夏、自分が行かなければならない場所が分かった。北カリフォルニアのスピリチュアルな共同体だ。それが明白になると、導きに従うのは難しくなかった。だが、西部への冒険の旅に出かける前に片づけなければならない、いくつかの問題に直面させられることになった。

手紙を受け取ってしばらくすると、ゴフマン博士を通じてアラン・ロバートソンが私に会いたがっていることを知った。二人で試験に合格して以来、アランとは話をしていなかった。彼に連絡を取り、新しいサンタフェ・コミュニティ・カレッジのキャンパスが完成したことを知った。アランは開講の立ち上げスタッフとして忙しく動いていて、私に非常勤でもいいのでそこで教えて欲しいと言った。私は黙ってしまった。サンタフェ・コミュニティ・カレッジにしても他の機関にしても、私には働く気がまったくなかったからだ。私の望みはスピリチュアルな修練の時間をもっと増やして、以前体験したことのある、自分の内側に存在する美しい場所にどっぷり浸ったままでいることだった。そのことをアランに伝えたが、彼は聞き入れようとしなかった。しまいには、「君に頼んでいるんじゃないんだ。通知しているんだ」と強い口調で言った。次の瞬間、私は心にもない言葉を口に出していた。「ええ、分かりました。非常勤で教えます。どうしたらいいですか？」

「サレンダー」――明け渡す、委ねる、任せる。

なんと力強い言葉だろう。この言葉はしばしば弱さや臆病に関連づけられる。私の場合、目に見えないものに従って未知の世界に踏み込んで行く勇気を持つには、持てる力のすべてを要した。それこそまさに私がしていることだった。サレンダーすれば自分がどこに向かっているかがはっきりする、というものではない。正直言って、自分がどこに導かれるのかまったく分からなかった。だが、サレンダーすることで一つだけ明瞭になることがあった。自分の個人的な好みが人生を導いているのではない、ということである。私は好き嫌いの感情を手放すことで、自らの人生をはるかに強力な力、すなわち人生そのものに委ねたのだ。

この成長段階に至るまでに、サレンダーという行為が二つのはっきりと異なるステップを踏むことが分かった。まず最初に、自分の内面を形づくっている個人的な好き嫌いの反応を手放す。二番目に、その結果得られる明晰さを以って、目の前で展開されている状況が自分に何を要求しているかを見抜く。好き嫌いに振り回されないとしたら、あなたはどうするだろう？　より深い導きに従えば、個人的な選り好みとはまったく異なる方向に、人生を導いていくに違いない。それがもっとも明確な「サレンダー・イクスペリメント」の説明である。サレンダー・イクスペリメントは私の精神生活と社会生活両方の基盤となっていた。

17章　初めての面接

私はそれまでの人生をほとんど学生としてすごしてきた。例外は高校時代、放課後にスポーツカーの整備士として働いたことぐらいで、それも夏場だけだった。そんなわけで一度も正規の就職面接を受けたことはなかった。アランが私のために大学のカリキュラム・ディレクターと会う手筈を整えてくれた。私の大学での待遇について話し合うためである。面接の日も、私はいつものジーパンにデニムのシャツというういでたちで、サンダル履きだった。サンタフェのダウンタウンにあるキャンパスはとても自由な雰囲気だったが、アランを学長とする新しいキャンパスがどうなっているのか皆目見当がつかなかった。カリキュラム・ディレクターはまず私に、何を教えたいかと聞いた。私は、頭の中の声に関して、これまで自分が学んできたことを教えたい、と彼女に言った。絶え間のない頭の中のおしゃべりを聞く必要がないこと、人は内面の深いところからやってくる自由を持っていることを、学生に理解してもらいたかった。また、彼らが宇宙空間を回る惑星の上に存在していることや、人生という旅を楽しむべきであることを伝えたい、とディレクターに言った。驚いたことに、彼女は、そのようなカリキュラムを組める唯一のコースは入門レベルの社会科学の授業だけしかないと言った。それは新入生全員の必須科目であり、全クラスの三分の一が教師を必要としていた。彼女の説明によれば、それらのクラスを教えれば、半日労働の非常勤とみなされるということだった。私はその処遇を受け入れた。彼女はキャンパスが正式にオープンする九月の初めから授業をするようスケジュールを立ててくれた。

何という出来事の流れだろう！

人生は、夏にカリフォルニアに行くよう私に告げていた。今、彼女は、戻ってきたら何をすべきかを告げている。すべてがひとりでに展開していた。私はただ流れに乗っかっているだけだった。九月に始まる授業で自分が何を教えようとしているのか全然分からなかった。自分が学んだことを誰かに教えたことなど、それまで一度もなかった。ましてやクラスの学生全員に教えるなんてありえないことだ。私の個人的な自己は、すべてのことに嫌気がさしていた。個人的な自己を黙らせるために、私は基本ルールを定めた。教室に入っていくまで、授業の内容や何を教えるかについて一切考えないというルールである。最初の授業には、完全に空っぽの頭で入っていくつもりだった。直観で論文を書いたときのようにしたかった。何も考えずに教室に入っていって、何が出てくるのか見るのだ。

外の世界からの介入によってだいぶ時間を奪われたが、私は自分の土地でひとりになることを何よりも大事にしていた。だが、孤独を守ろうという最善の努力にもかかわらず、人々は私を見出してやってきた。そのひとりがサンディ・ブーンだった。仏教の瞑想とアウトドアの生活に熱中している女性である。彼女がどこからやってきたのか覚えていない。あるとき姿を現わし、私の敷地内を散策しだした。彼女は私のプライバシーを尊重するのに気を遣っていた。彼女の望みは自然の中にいて、外で瞑想をすることだけだと思っていたが、それだけでは済まなかった。ある日、彼女は瞑想をするために敷地の遠い端にテントを張ってもいいかと私に尋ねてきた。許可したくなかったが、誰かが瞑想するのを止めることなど私にできようか？　彼女は大胆になり、日曜日の朝、私の瞑想に一時間だけ加わってもいいかと尋ねた。彼女の要求を許可したのは、頭の中の声がそれに猛烈に反対したという理由だけだった。それをはっきり覚えている。やがて、サンディは日曜日の朝の瞑想に数人の友達をつれてくるようになった。最初は三人だったが、それが六人になり、一〇人になった。いやだったが、私には止める権利がなかった。客が一階で瞑想している間、私は二階に留まって瞑想した。こうして一九七二年の春、ミッキーの家での日曜朝の瞑想会が始まった。それは四〇年たった今でも、毎週続けられている伝統になった。

そうこうしているうちに、夏が近づいてきた。カリフォルニアへの旅支度をする時だった。

私は、三週間から四週間、カリフォルニアのスピリチュアルな共同体の敷地内で自分のバンに寝泊まりし、大学の授業に間に合うように帰ってくるという計画を立てた。現地に到着するまで一〇日かかった。道中も日課の瞑想を欠かさなかったからだ。共同体はとてものどかなところで、広大な土地にたくさんの小さな田舎風の小屋が建っていた。そこにいる人々は「土に帰れ」タイプの人たちのようだったので、すぐに適応できた。登録の最中、沈黙を守りたい参加者のために特別の名札が用意されていることを知った。私は人との出会いや友達づくりに興味がなかった。そのようなことは自分の内的ワークの妨げになるだけだろう。自分の修行をさらに厳格なレベルへとステップアップさせるために、この旅を使おうと決心した。そこにいる間、完全に沈黙を守ろうと。

寺院近くのキャンプ用地には空きがなかったので、いちばん近い未舗装の駐車場にバンを停めた。そこで数週間をすごすことになった。落ち着いた後、寺院で午後のヨガと瞑想を始めた。ひとりでいることに慣れていたが、しばらく滞在するにはそこは悪くないということをすぐ悟った。私がしていることを人々が理解し、放っておいてくれたからだ。私は一週間に三度断食をし、野菜を食べるときはいつもひとりだった。私は人づきあいの良いタイプではなかったが、寺院での夜の瞑想や詠唱のプログラムには参加した。実際、東洋の詠唱に触れたのは初めてだった。私は詠唱せず、じっと沈黙の中にいたが、部屋のエネルギーが高揚していくのを感じることができた。

もし夢を見なかったら、滞在中、ずっとそのような感じですごしていただろう。私はめったに夢を見なかった。夢を見たとしても、そんなに深い意味があるようには思えなかった。ところが、ある晩、私に深甚な影響を及ぼす驚くべき明晰夢を見たのだ。

夢の中で、私は禅の歩行瞑想に集中していた。集中して一歩一歩足を踏み出しながら、洞窟の入り口に向かってゆっくりと進んだ。何ごともなく洞窟に入り、目の前に広がる暗闇の中へと進んでいった。非常に暗くなったので洞窟の側面に据え付けてあった木のトーチに火をつけ、そのまま進んだ。洞窟深く入って行くに従って空気がだんだん薄くなっていくのが分かった。強い目的意識があった。探しているものが見つかるまでこの未知の洞窟の中を探検するつもりだった。それを止めるものは何もなかった。遠くのほうにかすかな光が見えた。何の思考も浮かばなかったが、直観的にそこが私の目指すところだと分かった。近づくにつれ、その光が上のほうから洞窟の中に射しているのが見えた。光源に近づけば近づくほど、空気が薄くなった。ほとんど呼吸をすることができなかった。しかし進んだ。

その経験は、瞑想中に起っていたことに似通っていた。瞑想の最中、内面に深く入り込めば込むほど、呼吸は遅くなり、ついには自然に止まってしまう。どのくらいそうした無呼吸の状態に留まっているのか分からないが、普通の状態に戻り、空気を求めてあえぐ。ある意味、その洞窟での歩行はそうした瞑想段階と同じように感じられた。目的地にもう少しのところにいた。目の前にある洞窟の地面に光線が注いでいるのが見えた。酸素不足で倒れそうになったが、意志を奮って光の中へと最後のステップを踏んだ。その瞬間、目がくらむような光の洪水にすっぽり覆われた。上を向いて光に向かって昇ろうとすると、手が洞窟の天井についている金属製の枠に当たった。出口はなかった。

何の考えも浮かばなかった。ため息も出なかった。洞窟へ私を導いたのと同じ断固とした目的意識を持って、私は踵を返し、戻った。他の道を見つけなければならない、ということだけは分かった。

18章　手綱を手放す

夢から醒めた私は違う人格になっていた。私の考え方はとても深いレベルで変化していた。そのとき初めて、修行をさらに積み重ねていくことが本当に自分が目指すところにつれていってくれるのか、疑問を持った。その朝車の中でひとり座っている最中、これまでのやり方では行きたいところに行けないと分かった。真の自由への道は単に手綱を強く握るだけでは達成できず、もっと微妙なものなのだ。

私は、個人的な問題やさまざまな通俗的ドラマを抱えた自分自身の低次な人格を、もはや「破壊すべき敵」とはみなさなかった。その不安定な個人のエネルギーをすべて上昇するために使う必要があった。実際に私は、私の内部でもがいているその「人物」に対して同情のようなものを感じていた。後で分かったことだがヒンドゥー教の聖典バガヴァッド・ギータは、個人的な自己を踏みつけにするのではなく、大いなる自己によって育てるべきだと語っている。私は絶対的な自由を求めて、個人的な自己を踏みつけにしてきた。今や、それらのエネルギーを旅に活用するために、引き上げる方法を学ぶ必要があった。

私はバンを降りて、寺院の建物のほうへ歩いていった。とても足取りが軽やかで、自分を縛っていた綱をほどき翼を広げたい気分だった。しかしまず先にしなければならないことがあった。精神修養を始めて以来瞑想する際には、個人的な自己をつれていく一つの部屋を心の中で想像していた。そこは、巨大な木製の扉と硬いガラスの壁がある部屋だった。この部屋が普通と違うのは、ガラスの壁を通して全宇宙が見渡せることだった。ひとり用の瞑想の席に座った者は地球が宇宙空間の暗闇の中に浮いているのを見ることができた。遠くの無限の空間には、たくさんの星と銀河が浮かんでいた。「ミッキー」に何か問題があると、私は彼をそこへつれていき、落ち着かせてきた。そしてよく彼をそこに置き去りにしたものだった。彼には常に黙っていて欲しかった。また、彼が経験していることすべては、無限の宇宙に浮かぶほんの小さな土のかたまりの上で起っているのだ、ということを常に覚えていてもらいたかった。

その日の朝、寺院へ行く途中で車を停め、私は目を閉じ、瞑想の部屋に通じる巨大な木の扉を開けた。瞑想の席に座らせておいた「人物」が即座に背筋を伸ばした。私が近づくと、彼はさらに姿勢を正し、集中した。過去においては彼に対してはあんなに厳格だったのに、私は優しい思いやりのある態度で彼に手を差し伸べて言った。「もう出てもいいよ」。その瞬間、想像を絶するような解放感に包まれた。目からは涙が溢れ、その場に崩れ落ちた。私の心はまるで一生安心できるほどの大きな出来事が起きたかのような解放感で満たされた。

一旦カタルシスが収まると、決して忘れられないあることに気づいた。私がずっと見つめ裁いてきた内部の脅える厄介な人物が、実際にひとりの「人間」であることに気づいたのだ。それは感情、思考、希望、恐れ、夢などを持ったひとりの人間だった。彼は部屋に閉じ込められ、沈黙を強いられたりすべきではない。この情緒不安定な、自己中心的エネルギーをもっと建設的に扱う方法がある。不幸なことに、私はそれをもっとも困難な方法、すなわち経験を通して学ばなければならなかった。しばらくの間、感じたことのないような満足感を感じた私は、夢の中で自分が発した「他の道を見つけなければならない」という言葉を思い出した。「他の道」がどんなものかについては、一切疑問がなかった。葛藤するのではなく、もっと自分を明け渡すことを学ばなければならないのだ。すでに私は人生の流れに身を委ねることを決意していた。たとえその流れが私をどこへつれて行くのか分からなくても。内側でも同じことをしなければならなかった。自分の心の声と闘うのではなく、ただゆったりとくつろぐことを学ぶ必要があった。頭の声が何かを言っても、それを聞かなければならないということではない。また、それによって人生の方向を変えなければならないということでもない。その声は私と何の関係もないのだ。だから、何を言おうが、ただリラックスしていればいいのだ。私は基本に戻った。私は「話している声」に気づいている「存在」だ、ということである。

コミュニティでの残りの滞在期間、私は沈黙から抜けだした。たくさんしゃべったわけではない。人々が気持ちよく私に話しかけてこられるくらいに打ち解けたのだ。何人か長期滞在者にも会って、彼らの旅についての話も聞いた。私は変化の中にいたが、瞑想とヨガの行は続けた。問題は行のやり方だった。私は完璧な鍛錬というコンセプトを築き上げていた。実際、それが私を押しとどめていた。瞑想では、低次のエネルギーを押さえつけることによって高みに到達しようとしていた。しかし、それは単なる抑圧の一形態だった。そのエネルギーを押しのけるのではなく、上方へと導く方法を学ぶ必要があった。時間はかかったが最終的に私は、ヨガの本当の目的を理解しはじめた。適切なやり方をすれば、ヨガはすべてのエネルギーを上方に導き、もっとも高い地点で融合させる――ワンネス――科学である。

数週間、コミュニティですごした後、帰宅の途についた。フロリダへ戻っていくのは、より賢く明晰になった私だった。いくつかの種を蒔き、深い学びがあったけれども、自分自身と和解する方法を習得するまで、まだ時間がかかりそうだった。その間、森の中の美しい家での孤高の生活に戻っていくのを楽しみにしていた。

19章　教師になる

田舎への道を車で帰る途中、ずっと心は穏やかだった。しかし家へ着いたとたん、すべてを受け入れるという自分の誓いを揺るがす重大な挑戦に直面した。森の中を通って奥の野原へと入っていくと、本来ある静けさの代わりに丸のこぎりの音が聞こえたのだ。サンディと私の友達であるボブ・グールドが大工用のエプロンを身につけ、私の土地に建設中の構造物に登っているのが見えた。一瞬目を疑った。どうしたのかと尋ねると、サンディは楽しそうに、家を建てているのだと答えた。ボブ・グールドが手伝ってくれていると。どんな言い方をしたか覚えていないが、彼女が家を建てているのは私の土地であることを思い出させた。するとサンディはまたもや快活に、家の所有権を主張するつもりはないと答えた。自分がここを出ていくことに決めたら家は私のものになると言うのだ。彼女は明らかに自分の頭の中ですべて解決済みで、何の問題も感じていないようだった。対応する前に、一度家へ戻って少し瞑想したほうがよいと心に決めた。

私の頭の中の声が何と言ったか想像してもらいたい。「なんてこった！　私に許可も求めず、よくもこんな決定をしたものだ。私は自分の土地にもう一軒、家なんか建てて欲しくない。誰にもここに留まって欲しくないのに、どうしてもう一軒、家が欲しいなんて思うんだろう？　了承もなく一体どこの誰が、他人の土地に家を建てる決定を下せるというのだろうか？」。次々に考えが浮かんできたが、その頃までに、私は好き嫌いによって生み出される思考を寡黙に観察する訓練を十分に積んでいた。もし自分がもう一軒の家が欲しいと思っていたら、頭の中の声は「奇跡だ！　神が介入し、私自身が何もしなくても、セカンドハウスを建てはじめたのだ！」と言うだろう。私にとって、その声が何を言おうと重要ではなかった。重要なのは、自分の好き嫌いにとらわれずに人生の流れを優先させる、と心に決めていたことだ。それゆえ、私は丘に引き返し、エプロンを着け、サンディの家を建設するのを手伝った。

二度目の大工仕事とあって、気分が良かった。今回、私は何も知らない新米ではなく、いっぱしの大工だった。何かを初めてやるのと二度目にやるのとでは驚くほど違いがある。自分が何をやっているのかがよく分かっていると、それが自信と内的な強さを与えた。サンディや自分のために家づくりをしていたのではなかった。人生の流れがそうした状況に私を引き入れたのだ。私が自分を導いてくれる目に見えない力に従って労働力を提供する儀式を始めたのは、サンディの山小屋作りの間だった。私は掌握していなかったが、人生は自らがしているることを知っているかのように展開していった。目に見えない力を、神、キリスト、スピリット、何と呼んでもいい。それらはもはや信じるものの単なる名称ではなかった。私の人生を牽引している出来事は、触れることのできるリアルなものだった。内的には、自分がしているすべてを「宇宙の力」に捧げた。私の望みは内奥のあの美しい場所に戻ることだけだった。もし人生の見えない手に従うことでそこへ行けるのなら、任せよう。

サンディの家はとても簡素なものだった。それはかつて私が自分の場所に建てようと考えていたものと似ていた。一二フィート×一六フィートの大きさの彼女の小屋は電気も水道もなく、内部の壁材もなかった。窓は幕とプラスチック板で覆ってあるだけだった。建てるのに約六週間しかかからず、費用もただ同然だった。それでも彼女はその小屋をとても愛していた。当初の抵抗の気持ちを振り返ると、笑いがこみあげてくる。どんなに多くの私の重要な人生経験がこの小屋に結びつけられるようになるか、想像すらできなかった。

その間に夏は終わり、サンタフェで授業を始める時が急速に近づいていた。何を教えるかについては一切前もって考えないという自らの約束は忠実に守っていた。もし自分自身が常に人生をコントロールしているとしたら、人生に何が可能かを、どのようにして知るのだろう？　何が起ころうと何でも受け入れるつもりで、サンタフェでの最初のクラスに入っていった。学生たちが列をなして入ってくる間、私はただ心を鎮め、自分自身に問いかけた。「お前はこれらの学生たちに教える価値があるものを持っているだろうか?」。私には、学生たちの人生にとって興味深く有益な知識が豊富にあることが分かっていた。だから深呼吸をして立ち上がり話しはじめた。そのときには知らなかったがまさにその瞬間、私のスピリチュアルな旅の次のステップ、すなわち「教師になる」ための基盤を敷いていたのだと分かった。

言葉は自然に流れ出た。前もって何も考えていなかった。最初の授業では、クラスで何をやろうとしているかの計画を立てた。まるでカリキュラムが予め決まっていたかのようだった。それは森の中で経済学の論文を書いたときの状況と似ていた。今回違うのは、絶え間ないインスピレーションの流れが力強い講義に変わるのを見ていたことだった。私自身は何もしてはいなかった。ただそれに気づいているだけだった。学期が進むにつれ、どのクラスでもそのような現象が起った。驚きだった。学校教育で得たすべての知識と、内省的な瞑想や頭の中の声の観察で学んだすべてのことがないまぜになって、一つのまとまりのある全体を構成しているようだった。私の授業のテーマは、宇宙に一つの根本的な真実が存在する可能性があるかどうか、だった。人間の知識のすべては、その真実を異なった角度から見ているだけだということがありえるか、ということ。その探究は、物理学、生物学、心理学、そして宗教を含むことになるはずだった。

授業は成功を収めた。学期が始まるとき学生は二〇人だったが、終わる頃には人数が倍になっていた。あるクラスでは、私が教室に入っていくのが文字通り困難だったのを覚えている。登録している学生の数は二〇人だったが、四〇人ほどの他の学生が教室内に座ったり廊下で講義を聞いたりしていた。学生たちは友達を次から次につれてきた。それでもなお私は静けさの中にとどまり、周囲の雑音によって自分の修練を妨げられたくないと思っていた。クラスが始まる直前に登校し、終わるとすぐ帰宅して、職員会議や学校の行事には参加しないようにした。職員同士の話し合いなど、どうでもよかった。七〇年代の意識革命の真っ只中で、私は宇宙的思想を教えていたのだ。そのうち学生やその友達が私の地所で行なわれている日曜瞑想にやってくるようになった。

そうこうしているうちに、また新たな試練が私の前に突きつけられた。今回は、私の博士論文に関わることだった。私はゴフマン博士にこう告げていた。自分の人生は経済学の分野とはかけ離れたところへきてしまっており、博士論文を書くつもりはないと。にもかかわらずある日、彼は個人的な頼みとして、何でもいいから読めるものを提出するよう私に約束を求めた。私はゴフマン博士を愛し、尊敬していたので、それを、彼の望みに従うためのサレンダーの行為とみなした。その晩自分の家の床に座り、ランプを灯し、博士との約束を果たすに値する何か書くべきものを持っているかどうか自問した。ほんの一瞬のうちに、自分には書くべきとても大切なことがあると気づいた。それはゴフマン博士に読んでもらいたいものだった。頭の中の声や、科学と宗教の背後に存在する一体性について書く絶好の機会だと思った。胸が躍った。テーマを定めると、インスピレーションが次々に湧いてきた。それが経済学の論文として受け入れられないのは分かっていたが、精魂込めて書いた。後で分かったことだが、出来上がった論文は予想もしない運命を辿ることになった。博士号査問委員会のある教授が出版社との仲を取り持ち、一年もしないうちに、私の論文は『真理の探究(The Search for Truth)』という題名で出版された。三五年たった今でも、その本はアマゾンで毎月売れている。それをこの世に誕生させたのはサレンダーであり、それにふさわしい貢物である。

重要なのは、もし私が頭の中の声に従っていたら、これらのことは何も起きなかっただろうということだ。自分の好みではなく、人生の流れに従った結果、今や私は大工であり、教師であり、出版本の著者になったのだ。

内的にも私は成長した。スピリチュアルなものとそうでないものとを分け隔てる明確な線は消えていた。サンタフェのクラスで講義をしている間に体験したエネルギーは、ヨガや瞑想の中で取り組んでいたエネルギーと同じものだった。瞑想においては、そのエネルギーが上昇し、私を日常生活から引き上げてくれた。教室で学生たちの前に立ったときには、同じエネルギーが心を揺さぶる情熱的な講義となって爆発した。私はこうしたことすべてをスピリチュアルなエネルギーの流れとみなしただけではなく、クラスに教えにくるのも瞑想しに家へ戻っていくのも、何ら違いがないと考えるようになっていた。驚くべき出来事の流れによって、私は教え、驚くべき出来事の流れによって、家に車で帰った。いずれも自分で決めたことではなかった。それらは自分自身を手放した結果だった。私の人生の織物は、自分を明け渡した結果によって少しずつ織りなされていった。私は自分によってではなく、自分のために築かれた人生によって囲まれていった。それが私をどこへ導いていこうとしているのか、まだ想像もできなかった。

20章　刑務所訪問

一九七三年の夏、住んでいる場所にいくつか興味深い変化が訪れた。私自身何かしたわけではないが、私の地所周辺の五エーカーの土地の多くが自然回帰のライフスタイルに惹かれている人たちによって買い求められたのだ。驚くことでもないが、彼らの多くが何らかの形で瞑想やヨガに関わっていた。私は依然として森の中で孤独を求める瞑想者という自己概念に固執していたので、新しい隣人たちとはほとんど交流がなかった。けれども、私の土地の周りの森に粗引きの木材で作った山小屋が次々に建ちはじめると、午後の散歩がより興味深いものになっていったことは認めざるをえない。

ボブ・ティルチンという男が私の家の真後ろの土地を買った。それまでのことはまったく知らないが、彼はヨガと修行を重視するイスラム教神秘主義スーフィズムに入れ込んでおり、とても穏やかな魂の持ち主だった。友人のボブ・グールドを雇って家の建設を手伝わせたので、みんな家族のようになった。ある日、ボブ・ティルチンが私のところへやってきて頼みがあると言った。彼はゲインズビルの北約四〇マイルの所にあるユニオン・コレクショナル・インスティテューション（ＵＣＩ）という、凶悪犯罪者用の刑務所に収監されているジェリーという名の受刑者と手紙のやり取りをしていた。ボブは時々この受刑者を訪問する約束をしていたが、しばらく町を離れなければならなくなったので、代わりにジェリーに会いに行ってくれないかと言うのだ。私にとってそれはとても奇妙な依頼だった。私はその分野での経験が何もなかったし、依然として孤高の生活をする試みにこだわっていた。頭の中の声がしきりに「だめだ。そんなことはできない」と言うので、私は「いいよ」と答えた。凶悪犯罪者用の刑務所を訪れてまったく知らない人物と会うことがどんなものなのか皆目見当もつかなかったが、あえて私はそれをしてみることにした。

ある土曜日の朝、私は車で刑務所に行き、面会室で黒人の若者ジェリーに会った。私たちは二、三時間共にすごし、自分の授業で教えているのと似たような話題について話をした。彼は興味を持ったようだった。実に頭のいい若者なのだ。彼は以前から瞑想をしていたので、しばらく一緒に瞑想をしてすごした。ジェリーは私の訪問に感謝し、また来てほしいと言った。ジェリーの認可訪問者リストには、ボブ・ティルチンと私以外誰も載っていなかった。一緒にした瞑想は驚くほど深く、刑務所を出るとき、私は平和な気持ちに包まれていた。どういうわけか、刑務所内で瞑想しているという事実が自分の内面の奥深くにある何かに触れたのだ。門を出るとすぐに、私は次の訪問を期待していた。

二度目にジェリーに会いに行くと、彼は私のためにサプライズを用意していた。私の訪問と一緒に行なった瞑想をとても楽しんだ彼は、集団瞑想に参加したがっている五、六人の受刑者のリストを作成していた。刑務所員に尋ねてみたところ、そのような会合は宗教的なお務めとしてのみ許されることが判明した。ジェリーは自分を仏教者と考えており、私は座禅をやっていたので、北フロリダの刑務所の歴史上おそらく最初の仏教グループと呼べるものが誕生した。私たちは一週間おきの土曜日の朝、チャペルで会った。私のような背景を持つ者にとって、すべてが奇想天外だった。刑務所に着くと、二重コイルのレーザー・ワイヤーが張り巡らされた正門を通った。それから、さらに二つの門をくぐり抜け、全身をボディチェックされた。その後すぐに、多くの独房棟にスピーカーを通して、「仏教徒のみなさん」という呼び出しがかけられた。私は、頭の中の声が「一体どうしておれはこんな所にきてしまったのだろう?」と言うのを、内奥の非常に静かな場所から眺めていた。

年を追って、仏教グループは大きくなっていった。ジェリーがフロリダ州刑務所に移送されると、そこでもグループを作った。刑務所は私にとって無縁な未知の世界だったが、一旦内部に入り込んでしまうと、私の心の拠り所となった。刑務所内に行くたび、自分の中でエネルギーの流れが強くなるのをよく感じた。また、家でひとりでする瞑想より受刑者たちと一緒に瞑想したほうが、ずっと内面の奥深くまで入り込むことができた。自分では何が起っているのかよく分からなかったが、精神的に持ち上げられる毎回の訪問を楽しみにしていた。私はグループをサンタフェのクラスと同じような方法で動かした。どのセッションも前もって計画を立てなかった。エネルギーの流れに任せて、ただ言葉を紡ぎ出した。受刑者たちは、「頭の中の声」という概念をすぐに自分のこととして受け止めるようになった。彼らは頭の中の声を鎮め、怒りや恐れ、強い衝動などをどう処理するかを素早く学んだ。精神的に成長したいという真摯な気持ちが、グループ活動を非常に報いのある経験にしていたのだ。最初、刑務所なんて、と抵抗を感じた隣人のボブ・ティルチンからのたった一つの頼みごとが、三〇年以上に及ぶ受刑者たちとの交流に発展した。グループの面々は私の拡大家族の一員となり、今もなお私の心の奥に生きつづけている。

自分の自己実現の道は、瞑想以外にないと私は信じ切っていた。だが、それは間違っていた。人生は他人への奉仕を通して、自分自身を解き放つ方法を指南していた。

第3部

孤独から奉仕へ

21章　生きているマスターからの呼びかけ

フロリダの夏はきびしい。それは森の中でも同じ。私の家にはエアコンがなく、ガラスの壁が西に面しており、太陽光を賢く利用する作りにはなっていなかった。九月半ばのサンタフェでの授業再開まで二、三週間近くあったので、ふたたび車で北カリフォルニアを訪れた。家へ戻る前、風の便りに、前妻のシェリーがサンフランシスコ近郊のヨガ・センターのような所で暮らしているという噂を聞いた。首尾よく電話番号を手に入れられたので電話をかけてみた。彼女には二、三年会っていなかった。私と同じように彼女もヨガにどっぷり浸かっているらしかったので、興味をそそられた。

ピードモントまで車で行き、シェリーがいる場所を見つけた。彼女に再会するのは素晴らしいことで、快く受け入れられるような気がした。彼女は少人数の居住者のための瞑想センターとして使われている美しい建物を案内してくれた。瞑想ルームは二階にあった。部屋に一歩足を踏み入れた私は立ちすくんだ。部屋中に、彼女たちがババと呼ぶヨガのマスターの写真が散乱していたからだ。ババのことはそれまで聞いたことがなかった。当然といえば当然だった。私はそれまでの数年間、外部との交流を絶って、フロリダ中北部の森の中に住んでいたし、ババはインドに住んでいたのだから。その聖者の写真はとても魅惑的で、目を逸らすことができなかった。内的なエネルギーの流れが眉間まで上昇してきて、全身がとてつもない平安に包まれるのを感じた。しばらくそこで瞑想をしてもいいか訊ねると、シェリーはうなずき、自分の用事を済ませに去っていった。

数時間、瞑想した。部屋全体がエネルギーに満たされているような気がした。言葉にならない何かが自分の中で進行しているのが感じられた。いつものように苦労することなく深い瞑想状態に引き込まれていった。どのくらい時間がたっただろう。最終的に通常の意識に戻ったとき、シェリーに別れを告げる時間がきていた。それは私が思い描いていたような訪問ではなかった。私的な気持ちで前妻のシェリーに会いに来たのに、人生はそれを強烈なスピリチュアル体験に変えてしまったのだ。だがそれだけだったら、素晴らしい体験をしたということで済まされたかもしれない。それはただの始まりにすぎなかった。

九月の初めに家に戻ると、サンディの家に知らない人間が滞在していた。どうやらサンディは旅に出かけ、友人のラマ・マロンに滞在することを許したらしい。ラマはすこぶる外交的で、快活な女性だった。彼女はとても刺激的で、私はすぐさま彼女の世界に引き込まれてしまった。初めて会いに行ったとき、彼女は私を小屋の中に招き入れ、自分がした大工仕事の成果を見せてくれた。その後、屋根裏部屋に上がるよう熱心に勧められた。粗木で作られた梯子を昇り、狭い入口をくぐり抜けた私は、あわや階段から転げ落ちそうになった。屋根裏部屋が、シェリーのところで見たばかりのヨガ・マスターの写真で埋め尽くされていたのだ。

今なら、私は偶然の一致というものを信じる。しかし、このときは大陸の両側で連続して起ったことなので、驚きもひとしおだった。一九七三年当時のアメリカでは、ババ・ムクタナンダというインドのその聖者を知る者はあまり多くなかった。ラマはすかさずババ・ムクタナンダが翌春、訪米する予定であると語った。そして、彼をゲインズビルに招くべきだと言った。最初は冗談半分の話として聞いていたが、彼女が真剣そのものだと気づいた。私は深呼吸を一つして、彼女を説き伏せようとした。自分は森の中にひとりで住み、何年もの間人々を寄せ付けないようにしてきたことを思い出させたのだ。そんな私がインドに手紙を書き、高名なヨガのマスターをフロリダ中北部の小さな町に招聘するなんてどうしてできようか？　しかし、彼女は納得しなかった。私がサンタフェ・コミュニティ・カレッジのレターヘッドの付いた便箋に手紙を書いて、ババがアトランタからマイアミへ行く途中、ゲインズビルに立ち寄るよう招待すべきだと言い張った。

非常識な考えだと思った。私の頭の中の声は、ババがここへ来るなんてありえないと言いつづけていた。実際のところ、わざわざ手紙を書いてインドへ送ることにためらいがあった。しかし、人生は私をこの偉大なヨギと出会わせ、彼の写真の前で深い瞑想体験をさせてくれただけではなく、私の土地にいる熱烈な信者を使って、私にそのヨギをゲインズビルに招くよう仕向けたのだ。結局、私はそうした人生の流れに身を任せ、手紙を送った。

数カ月後、ゲインズビルへのババの訪問が可能かどうかを話し合うために、人を寄こすという通知を受け取った。やってきた人物がとてもきちんとした身なりの若者だったので驚いた。彼のほうも、森にひとりで住むヒッピーのような私を見て驚いたようだった。印象的なのは彼の身なりだけではなかった。彼はババとその付き人を一週間もてなすために必要なことを説明しはじめた。二〇人以上のスタッフを収容する施設、日々の集会を行なうための五〇人から百人収容できる大きな部屋、週末のリトリート（一時的に日常生活から離れ、自分を見つめ直すための集い）を行なうための二、三百人収容できる場所が必要だと言うのだ。そのようなことすべてを私が手配できるかどうか、彼が疑問を抱くのも無理はなかった。私は月に三五〇ドルしかもらっていないコミュニティ・カレッジの非常勤講師なのだ。とても彼らの信用など得られそうになかった。

最後に彼は、私がどんな手筈を整えられるか見てみたい、後であらためて連絡する、と言った。期待されている気はしなかったが、少なくともはっきり「ノー」とは言われなかった。彼が去る前、私は大事な質問をした。「ワールド・ツアーの最中、ババに興味を抱かせるために、どんな宣伝をしているんですか?」。英語が話せないインドの聖者がそんなに多くの人々を引きつけるとは思えなかった。彼はただ「ババはとても強い力を持ったシッダ・マスター（瞑想により我執を超越した者）なので、人々が会いたがるんです」と言った。その意味が私には理解できなかったが、そのうち分かるだろうと思った。

二、三カ月がすぎた頃、ババがゲインズビルを通るであろうおおよその日を知らされた。一九七五年の一月十八日ということだった。世界的に有名なヨガ・マスターが訪れるかもしれないということで、私の授業や日曜日の瞑想会は異例の盛り上がりを見せた。週を追うごとに人が増え、収容人数を増やすため自宅の増築を余儀なくされた。一九七四年の春に自著『真理の探究（The Search for Truth）』が出版されたことで、興奮はさらにあおられた。

ラマとサンディの二人とも、その年の春までに去っていった。サンディの家はドナ・ワグナーという若い女性が移り住んでくるまで空だった。ドナは私のサンタフェのクラスで瞑想をしはじめたとき学士課程を終えようとしていた。彼女は他の学生より二、三年、年上だったが、とてもしっかりしていて、分別があった。私が教えることをよく理解し、ほぼ欠かさずにクラスや日曜日の瞑想会に来ていた。彼女が引越してくる前の約一年、私たちは町でお互いに何度となく出会っていたようだ。こうした偶然の出会いが頻繁に起るので、私は、何が起きているのだろうと疑問にかられていた。

ドナはサンディがいなくなってから、日曜日のグループをまとめるのを手伝うことになった。土曜日の晩、よくサンディの家に泊まってセッティングを手伝い、日曜の朝、人々を出迎えたものだった。しまいに、家に帰らなくなった。もしそのとき、彼女が両親の買ってくれた素敵なコンドミニアムを引き払い、水道も電気もない森の中の小さな小屋に移り住もうとしていることを知っていたら、そんなに急いで彼女を引越させたりしなかっただろう。また、私たちが恋に落ち、結婚して、可愛い娘を持つことになる運命にあるのを知っていたら、当時の私の心境からして、きっと彼女が引越してくるのを許さなかっただろう。自分にしがみつくのをやめて、人生が私のために用意してくれた特別な関係を受け入れられるようになるまで、さらに数年学ぶ必要があった。

22章　シャクティパット

ババを迎えるということになると、しなければならないことがたくさんあった。誰ひとりやったことがないことだったので、事を進めながら学ばなければならなかった。オフシーズンなら、大規模な週末のリトリートに比較的容易に利用できるサマーキャンプの施設をまずオカラ国立森林公園の中に見つけた。次に、ババの二〇人のスタッフを収容でき、平日の瞑想のセッションができる大きな家が必要であることを公表した。大学の町であるゲインズビルには大邸宅はない。だが、ある人物が連絡をくれ、一月一杯、条件にぴったりの家を提供してくれると申し出てくれた。事は順調に運んでいた。

週末のリトリートがメインイベントになるはずだった。もし参加者を十分に確保できなければ、ババは来ないだろう。ドナと私は人集めのために何百本も電話をし、州全域に案内の手紙を郵送しなければならなかった。自宅に電話を引き、その電話番号を連絡先としてビラに載せた。留守電も設置した。そうしたことすべては奉仕活動以外の何ものでもなかった。

私たちは積極的に宣伝し、州全域から大きな反響を得た。

私は長年、スピリチュアルな生活とは、毎日を沈黙と孤独のうちにすごすことだと思っていた。ところが今、必要な仕事をするためにかけずり回っている。でもどういうわけか以前より解放的で、エネルギーの流れにしっかりつながっているような感じがした。朝晩の瞑想は続けていたが、その合間の時間はクラスでの授業とババのゲインズビルへの招聘のために捧げられた。人生の流れは、もはや私の選択とはかけ離れたところに私をつれていこうとしていた。しかも、それとなく私を導くことから、私を突き動かすものへと変わっていた。頭の中の声は、これが終わったらまた孤独な生活に戻るだろうと言いつづけていたが、それは間違いだった。

ババがゲインズビルへ来る前、私たちは十二月にアトランタの郊外で行なわれるババのリトリートへの招待状を受け取った。私はババに会いたかったし、翌月彼がゲインズビルを訪れる際、予想できることを予め知っておくのは良いことだと思った。六人でバンに乗り込み、私たちは北へ向かった。リトリートの行なわれる場所へ着くと、五、六〇人の人がいる大きなホールに案内された。こうして私の人生でもっとも緊迫した四日間が始まった。

ババとの最初の瞑想の集いを覚えている。私たちが瞑想している間、ババが私たちの間を歩き回ると告げられた。部屋はとても暗くて何も見えなかったが、ある時点で、背後に人の気配を強く感じた。その感じが次第に強くなり、ババが私の右隣に立っているのに気がついた。彼は私の眉間に触れ、歩み去った。そこは私がいつもエネルギーの流れを感じるところだった。日に二回の瞑想の集いがあった。毎回ババが私の背後を歩くたび、強いエネルギーをはっきりと感じることができたが、それだけだった。一日中、部屋の中に座っているのはつらかった。なんとか集中しようとしたが、自分の内側に入ることはできなかった。瞑想が深まる代わりに、私は完全に締め出されてしまった。閉ざされている——それがずっと私が感じていたことだった。現実感が希薄で、何も考えられなかった。節々が痛み、頭の中の声で気が変になりそうだった。最後までやり抜く決心をしていたが、終わりまで待てなかった。

　最終日までそんな感じだった。控え目に言っても、私は非常に混乱していた。最終日の朝、私はババに十分に心を開いていないのではないかと思った。私は偉大なスピリチュアル教師に対して敬意を払ってきたが、彼は私の師ではなかった。私の師はヨガナンダだった。最終日、そうした考えを捨て、目の前の経験に完全に身を委ねてみようと心に決めた。

　ホールの前でプログラム通りのことが行なわれている間、私は自分の席に座ったまま、ババのマントラ「オーム　ナマ　シバヤ」を何度も繰り返し唱えた。知らないうちに、深い瞑想状態に入っていた。頭の中のおしゃべりがやむと、外部の音もすべて止まった。私はそれまで行ったことのないハートの奥深くに入り込んだ。ハートが私を守り、愛する巨大な洞窟のように感じられた。私は完全に魅了され、平和な気持ちに包まれた。

すぐに夜の瞑想の時間になり、ババが人々に触れながら歩き回った。私は心の中のとても静かな場所に引き込まれていくのに気づいた。瞑想している間、ババが私の後ろを歩いているのを感じた。彼から発せられるパワーは非常に強かった。目を閉じて前を向いていたにもかかわらず、私の頭に伸びてくる彼の手のエネルギーを感じた。彼の掌が私の頭頂に触れた瞬間、一万ボルトもの電気が背骨の付け根から飛び出したような感じがした。稲妻のように、あっという間の出来事だった。一瞬のうちに、私は身体から脱け出した。ここに存在し、目を通して見、耳を通して聞き、思考や感情に気づいている意識の中心である私は、もはや身体の内部にはいなかった。完全なパニック状態に陥り、全力を振り絞って自分の身体にしがみつこうとした。莫大なエネルギーの上昇気流がふだん居座っているところから私を引き離してしまっていた。身体から私を吹き飛ばそうとする竜巻のような力を感じた。私は愛しい命のために、必死に身体にしがみつこうとした。

どんなにがんばっても、自分を身体の内部に引き戻すことはできなかった。それは極限の恐怖が超人的な力を引き出す、生死を分ける瞬間だった。だがそんなことはどうでもよかった。その力に逆らうことさえできなかった。どのくらい続いたのか分からない。たぶんババはもう十分だと感じたのだろう。手で私の背中をさすった。彼の手が私の背中に触れたとたん、すべてが止まった。即、私は身体に戻り、方向感覚を取り戻した。まず、気づいたのは、心臓の脈が弱く、ハチドリのか弱い羽ばたきのような感じがしたことだ。「まずい、こんなんじゃ心臓が長くもたんぞ」と思った。そう思ったとたん、ババが私の前に近づいてきて私の心臓のあたりを手でさすった。またたく間に心臓が通常通り脈打ちはじめた。

私はその経験とその男の力に度肝を抜かれた。「一体、何ものなんだ？　どうやっておれのエネルギーや代謝をコントロールできたんだろう？」。彼の前では、自分を小さく感じた。その後、とてつもない解放感を覚えた。未だかつて味わったことのない解放感。私はこれまで何をやってきたんだろう？　断食や瞑想や自分との闘いに何年間も費やしてきた。この男はほんの少し触れるだけで、驚くべき変容を生み出すことができる。その瞬間、シッダ・ヨガのマスターとはどういう者なのかが理解できた。ババはこの世に属していなかった。まったく違う場所からやってきたのだ。

23章　ゲインズビルに師を迎える

私たちは招待を受けて、アトランタの滞在先に向かうババのグループに同行した。ドライブしながら、私は前日の出来事について考えた。ババと同行しているひとりが、私が体験したのは「シャクティパット」と呼ばれるもので、シッダ・ヨガのマスターから与えられる特別な祝福なのだと教えてくれた。それによって強力なスピリチュアル・エネルギーが覚醒されるのだと。アトランタのババの宿泊先に着くと、彼のスタッフは、私がババを師とみなしていると思っているようだった。現存の師に引きつけられるのはありふれたことだと彼らは言った。私は今まで何を知っていたのだろう？　見聞きするすべてが、私の理解を超えていた。

ひとりになるために外へ出た。前日に起ったことや、これまでの出来事の流れを振り返ってみたかった。そして、何が起っているか理解できなくても、人生の流れに身を委ねると誓ったことを思い出した。丘を下りて、人気のない駐車場まで歩いていった。

とても混乱していた。その混乱の最中に、師と仰ぐヨガナンダに対する感謝の気持ちが湧いてきた。目を閉じ、いつも彼とのつながりを感じる静かな内なる場所へ入っていった。ありがとうと言うように、心の中で天を仰いだ。すると突然、頭上の空間が開き、無限に広がった。まるで、自分の意識とそれを超えるものとの間を遮《さえぎ》っていたベールが引き上げられたかのようだった。瞬時に、私がずっと探し求めていた万物との一体性を感じた。未だかつて味わったことのない強力で、啓発的な体験だった。それはほんの少しの間しか続かなかったが、普通の状態に戻ったとき、「誰に別れを告げていると思っているんだい？」という声が私の中でこだまするのが聞こえた。ヨガナンダの存在が私の周囲を取り囲み、私に浸透してくるのを感じた。そのとき以来、彼とのつながりを一度も疑ったことはない。

母屋に戻ると、ドナと友人たちが家へ帰る支度をしていた。ゲインズビルに戻る道すがら、数日後にババを迎えるということで私たちは全員舞い上がっていた。彼が到着すると、信じられないほど彼が注目されているのが分かった。どこへ行っても、立ち見席ばかりだった。ババは若くはなかったが、毎日昼夜を問わず、招かれるとどこにでも行って講演した。当時、私は刑務所で瞑想会を開いていた。ババも刑務所を訪れたがっているとスタッフが言ったので、私たちは手筈を整え、ある日の午後、ババを伴って厳重警戒の施設を訪れた。受刑者たちはババを愛した。ババは刑務所を去るとき、スタッフに、今後も刑務所への訪問を続けるよう指示した。今日に至るまでずっと彼らは世界規模で刑務所への訪問を続けているが、元はと言えば、ゲインズビルの郊外にあるユニオン・コレクショナル・インスティテューションを訪れたのがその始まりだった。

週末のリトリートは、その時点までのババのワールド・ツアー最大の規模となった。私は数日前にキャンプ場に行き、ババのスタッフに必要な物がないかを確かめた。キャンプ場にいる間、正面玄関にＶＩＰサインが掲げられた宿舎があることに気づいた。それらは特別な客に割り当てられた個室のようだった。ドアに貼られた名前の一つが目にとまった。Ｒ・フリードランド。前妻のシェリーの旧姓はフリードランド、兄の名前はロニーだ。「そんなはずはない」と心の中で打ち消し、そのまま歩きつづけた。

リトリートでロニーを見たときには驚いた。何年も会っていなかったが、そんなことは問題ではなかった。私たちは兄弟同然だった。ずっと別々の道を歩んできたのに、こんなふうに同じ場所に居合わせるなんてありえない。私たちは月とスッポンほども異なっていた。私はゲインズビルで簡素な生活をしていたし、彼はシカゴで一流の弁護士をしていた。私は物を持たないことを誇りにしていたが、彼はフェラーリやハーレー・ダビッドソンや自家用飛行機を持っていた。シカゴの有名なマンション、ツウィン・タワー・マリーナの最上階に住み、居間の円形の壁にはナポレオンの絵が飾ってあった。インドから来た聖者とすごすこのスピリチュアルなリトリートで、一体彼は何をしているのだろう？

シェリーがロニーにババを紹介したのだ。それは一目惚れのようなものだったらしい。リトリート中、私は多くの時間をロニーとすごした。彼はババと数人のスタッフをディズニー・ワールドにつれて行くとき、私に一緒に来るよう誘ってくれた。ロニーとババとの間に何か特別なことが進行しているのは明らかだった。数カ月後、ババがアメリカで結成した新しい組織からメールを受け取ったとき、真相が明らかになった。初代会長として、ロニー・フリードランドの署名があったのだ。何年も前、ロニーと長椅子に座っているとき経験した、初めての覚醒体験を思い出した。あれ以来、私の人生はすっかり変わってしまった。彼の人生もそうだったらしい。

24章　寺院建立

ババが去った後、物事が通常に戻ったと言いたいところだが、そうはならなかった。実際のところ、ババとの出会いが私の人生に及ぼした本当の影響を知ったのは、彼が去った後だった。ババは町に新風を吹き込み、私の人生の方向を孤独から奉仕へと完全に変えてしまった。ゲインズビルのスピリチュアルな共同体が活気づけられたという意味で、それは喜ぶべきことだった。私の家で行なわれる日曜日の瞑想集会には四、五〇人の人々がやってきた。そのうちの半分は外のデッキに座らなければならなかった。それに加えて、サンタフェでの私のクラスを受講する人もどんどん増えていった。私の二冊目の本『普遍的法則に関する三つのエッセイ』が出版された後はとくにそうだった。留守番電話には、リトリートを称賛し、次回のリトリートの予定を問い合わせる声が州全域から入ってきていた。それはタイムリーな問い合わせだった。というのも、リトリートの最中ある大学教授から、彼の師であるマタジというインドの女性聖者のためのリトリートを主催してもらえないかと持ちかけられていたからだ。

人生が私に与える仕事は収拾がつかないほど多くなっていたが、私は流れに身を委ねつづけた。朝晩の瞑想は私の避難所だった。一日中、あらゆる機会を見つけて、気持ちを鎮め心のバランスを取った。車の乗り降りの際には、必ず呼吸を遅くして、宇宙空間を回っている地球をイメージした。ドアを開けるときはどんなドアでも、広大な宇宙空間に浮かぶちっぽけな惑星の上にあるドアを通り抜けようとしているのだ、ということを思い出した。幸いにも、眉間に上昇してくるエネルギーが、そこに焦点を合わせることを容易にした。奉仕しつづける人生が、以前見た夢で告げられた「他の道」なのだということが徐々に分かってきた。新しい覚醒の道においては、人生は私の成長を邪魔する障害ではなかった。今や人生は意識的に、古い自己を剥ぎ取る戦場と化していた。だが依然として私の中には、克服しなければならない抵抗がたくさん残っていたのも事実だった。

私はマタジのリトリートを主催する方向にどんどん押しやられた。彼女のことは聞いたことがなかったので、本当のところ気は進まなかった。しかし今回も、人生の流れにサレンダーした。すると人生は私のためにふたたび予期せぬことを用意した。リトリートの数日前、マタジと一緒に敷地内を散歩していたときのことだった。突然、彼女が立ち止まり、森の中をじっと見つめた。わずかの間彼女は微動だにせず、立ちつくしていた。それから、静かな声で言った。「ミッキー、ここはとても神聖な場所です。いつの日か、ここに大きな寺院が建ち、大勢の人が来るようになるでしょう」。頭の中の声が「おれの死体の上に建つのだろう！」とわめいたのをはっきり覚えている。ところが、六カ月もしないうちに、森の中のまさにその場所に寺院が建っていた。

私の孤独の場所をスピリチュアル・センターに変えるプロセスを開始させるために、マタジが送られてきたかのようだった。リトリートの最中、マタジは何度も「ミッキーの土地に素晴らしい寺院が建つことになるわ」と言った。彼女がそれを言うたびに、身がすくむ思いをした。次の日曜日の瞑想集会の後、「寺院を建てたいのなら、お金を集める必要がある」と誰かが言い出した。数人がわずかな献金をした。労働を提供するという者や、物資を提供するという者もいた。本当のところ、私は自分の敷地にもう一軒の建物が建つことなどを望んでいなかったが、他の人はそれを望んでいるようだった。幸いなことに、私はすでに、「自分」がしたいことを無視し、代わりに、人生の流れに従うという経験をたくさん積んでいた。

同じ日曜日、家へ戻った私は、一枚の紙を取り出し、新しい寺院の設計をしはじめた。ほんの数時間で、間取り図と建物の大まかな立面図ができあがった。寺院の屋根のデザインを特徴的なものにしたかったので、友達のボブ・グールドに会って、バタフライ型の屋根にすることに決めた。バタフライ型の屋根は真ん中がへこんでおり、両側がせり上がっているという点で、従来の屋根にはない特徴を持っている。梁《はり》が露出した寺院の天井は、空に向かって広げられた巨大な羽根のように見える、ユニークで躍動的な構造となる予定だった。さらに座れる場所が、家で提供していたスペースの約三倍になるよう設計した。翌日、寺院を建てるのにふさわしい場所を見つけ、下草を刈った。もちろん、マタジが「偉大な寺院が建立されるでしょう」と言ったときに見つめていた場所である。寺院の建立に必要な資材はおよそ八千ドルかかると見積もった。働き手については問題なかった。すべて自分たちでやれるだろう。ただし、日曜日に私のところへ来る人々は裕福ではなかった。お金がどこからやってくるのか見当もつかなかった。

ところがお金が必要になると、どこからか入ってくるということが続いた。どこから入ってきたのか分からないときもあった。材料となる板が一、二枚しかなく、作業の中止を迫られそうになったときもある。作業仲間が、「ついにくる時がきたか」と冗談交じりに言った。資材が切れてしまったら、彼らには帰ってもらわなければならなかった。「一枚でも板が残っているかぎりは、終わりじゃないぞ」と私は言った。昼食のために休憩を取り、郵便受けをチェックしに行った。すると、二千ドルの現金が入った封筒があった。差出人の名前はなく、今日まで、誰がこのお金を郵便受けに入れたのか分からないままである。そのようなこ

建築中の屋根がバタフライ型になった寺院。1975 年。

とが立てつづけに起った。驚くべきは、必要なときにお金が現われただけではなく、次のステップに進むために必要な額のお金が入ってきたことだった。

そのようにして寺院は建った。建築におよそ三カ月かかったが、ある日突然完成した。

一九七五年九月、新しい寺院で最初の日曜瞑想を行なった。人々はそれぞれ自分にとって意味のあるスピリチュアルな品物をギフトとして持ち寄った。宗教学の教授は美しい木製の仏像を持ってきた。また祭壇に飾るイエスの絵を持ってきた者もいる。私は自分の家からヨガナンダの写真を持ってきた。それは私がそこへ引越して以来、瞑想する場所に置いていたものだった。

寺院に置かれる品々はあらゆる宗教にまたがるものになった。屋根が空に向かって広がっているように、寺院もまた無限なるものの真実を信仰する人々に属していた。寺院は広大な宇宙空間の闇の中で回転しつづける小さな球体、惑星地球の上に建っていた。地球は、銀河系宇宙だけでも何億と存在する星の一つの周りを巡っている。この寺院はすべての宗教を包含しているという点で、また宇宙そのものを包含しているという点で、まさに宇宙的だった。それゆえ、「宇宙寺院」と呼ばれるようになった。

25章　ハート・チャクラが開く

一旦瓶から出たものを押し戻すことはできない。リトリート、本の出版、クラスでの授業、寺院など、私たちはヨガやニューエイジ・ムーブメントに関心のある人たちの間で有名だった。来訪するスピリチュアルな教師のリトリートを運営するのは私たちの務めであるかのようだった。というのも次々と依頼が舞い込んできていたからだ。寺院が完成する前にも、聞いたことのないあるスピリチュアルな教師のためのリトリートを後援することを引き受けた。運命の定めで、この教師はその後の私の人生で重要な役割を果たすようになっていった。アムリット・デサイ。それが教師の名前である。彼は他のインド人の訪問客とは異なっていた。何年もアメリカに住んでいて、北部に大規模なスピリチュアル共同体を所有していた。彼が私たちの寺院に着いたとき、いかに多くの人を引き付けるかに驚かされた。最初の晩の集会は立錐《りっすい》の余地もないほどの混みようだった。きわめて強力なプログラムが終了した後、私はアムリットのエネルギーに興味をそそられた。どのようにすれば、あれほどとてつもないエネルギーがひとりの人間から生み出されるのか知りたかった。指一本、誰にも触れていないのだ。彼は私の家の客で、私はその家の主人なのだから、客が不自由していないかどうか確かめるのは当然だろうと考え、一つ深呼吸して、アムリットがいる客室に入っていった。彼は瞑想をしているようだった。私は静かに彼に近づき隣に座った。

座ったとたん、彼も感じていたかどうか分からないが、内部のエネルギーの流れが著しく増大し、まるで愛の大海に放り込まれたように感じた。それは深淵なスピリチュアル体験だった。しばらく私たちは静かに座っていた。それから彼は私のほうへ向き直り、「このようなことはもうしません」と言った。そして、右手を私の額に置いた。その瞬間、優しい暖かなエネルギーが身体に流れ込んでくるのを感じた。非常に力強いエネルギーで、その体験のあまりの素晴らしさに釘付けになった。エネルギーがどんどん増大し、心臓のほうへ上がってくるのを感じた。心臓がエネルギーに満たされ、勢いよく開いた。人生でこれほどの愛を感じたことは一度もなかった。私はエネルギーの流れに完璧に圧倒された。彼の手から発せられたそのエネルギーの流れは私の体内を巡り、勢いよく、開いた心臓から溢れ出ていった。アムリットがその手を額からどけるまで、私はエネルギーに満たされ、身動きできなかった。最終的に立とうとすると、強力な磁場が身体に張りついているように感じた。話すこともできなかったので、アムリットに一言も言わず、部屋を後にした。

それからの数時間、私の身体を取り巻くエネルギーの場は少しずつ心臓に引き戻されていった。私は人に触れるのを避けた。人に接触すると、エネルギーがその人物を通して地面に流れてしまうような気がしたからだ。最後に、外部のエネルギー場の力は弱まっていったが、内部の流れはそうではなかった。私の心臓に一つの回路が開かれ、暖かいエネルギーがその回路を流れつづけた。森の中での力強い瞑想がいつもエネルギーの流れを眉間に上昇させたように、アムリットの手が触れると、きまって美しいエネルギーの流れが私の心臓を通り抜けた。あれから三五年以上もたつが、いずれのエネルギーも一瞬たりとも鎮まることはない。時々強まることはあっても、流れが途切れることはない。アムリットの手がほんのちょっと触れただけで、私のハート・チャクラが永遠に開かれてしまったのだ。

アムリットの訪問は、もう一つの永続的な影響を私たちの生活にもたらした。マタジが私の地所に寺院が建つという話を持ち出したのと同じように、アムリットは人々に、日々の瞑想に規則正しく参加するよう勧めた。事前に私に相談しなかった。朝晩の瞑想の時間は私にとってきわめて神聖なものだったので、他人とその時間を共有することには興味がなかった。アムリットは人々を誘い出すだけではなく、朝晩、彼らに会って瞑想のサポートをすべきだと私に言った。ふたたび人生は私に頼むのではなく、告げたのだ。

私は個人的な自己から自由になるために、精一杯努力してきたことを思い出した。私的な心を拠り所にしない別の道を見つける決心をしていた。他人と瞑想の時間を分かち合うのは、人生とのダンスの次のステップにすぎなかった。私は自分自身のためではなく、他人のスピリチュアルな成長に奉仕することを重視するほうへと絶えず追いやられてきた。自分から意識的にそうしようと決めたわけではない。そんな決意ができるほど私は賢くもないし、お人好しでもなかった。ただ人生の流れに身を委ねる決心をしただけだった。その結果、今ここにつれてこられたのだ。

寺院を建てている最中、「ばかばかしい。日曜日に人々がやってくるのは一時的なブームにすぎず、そのうちにこなくなるに決まっている。最後には空の建物しか残らないだろう」と心は言いつづけていた。私はそのような否定的な声を無視して、寺院の建築を続けた。寺院が完成し、朝晩利用されるようになると、心がつべこべ言っていたことが間違いだったと判明した。閑散とするどころか、毎週日曜日、七、八〇人の人たちが森の真ん中にあるこの寺院にやってくることが三五年以上も続いている。私たちは一度も広告を出したことはないし道案内の標識すら立てていない。それでも人々は毎週やってくる。朝晩の瞑想だけではなく、月曜日や木曜日の夜の講話にも人々は必ず姿を現わした。どうやら人生は自らがしていることを正確に分かっているらしい。それにひきかえ、私の心は何も知らなかった。

26章　再婚

一九七六年三月、宇宙寺院は州からNPO法人として正式に認められた。私は、寺院、ドナの小屋、私の家を含む一〇エーカーの土地の所有権をこの組織に譲渡した。その結果、車以外何も所有しない元の状態に戻った。私の望むところだった。私は三〇歳近くになっていたが、経済状態はきわめてシンプルだった。年収は五千ドル弱で、資産も借金もなく、お金で買える欲しいものは何もなかった。私は資金管理に縛られないでいることを好んだ。私の望みは、心が平穏な状態であること。そのためには生活を簡素にするのがいちばんだった。アムリットのグループはリトリートの収益の一五％を寺院に還元すると申し出てくれたが、これは断った。他のリトリートからも何ももらわなかった。そうしたやり方を守るほうが心地良かったのだ。

私たちが後援するリトリートはアムリットの訪問をもって終わったわけではない。私たちの住所や電話番号はニューエイジの世界で知れ渡っていた。フロリダに旅行する者はよく寺院に立ち寄り、夜の講話だけでも聞いていこうという者が多かった。[1] 何年にもわたって、マタジとアムリットのリトリートを毎年開いた。また、当時絶大な人気を誇ったアメリカ人のスピリチュアルな師であるラム・ダス（元ハーバード大学心理学教授。インドでニーム・カロリ・ババと出会ってから、スピリチュアルな修行に励むようになった）のために、二度大規模なリトリートを開いた。

その頃までに、ドナは私の人生に欠かせない存在になっていた。ひとりでやるには多すぎる量の仕事があったが、彼女はそれを完璧にこなしていた。日曜日の瞑想集会の準備の他に、リトリートのための食糧調達の仕事もあった。さらには寺院にかかってくる電話に応対できるよう私の電話を彼女の家に移すことも許してくれた。ドナと私は一緒にすごすことがますます多くなり、深く愛し合うようになった。それまでの数年のあれこれの出来事は私に起ったただけではなく、彼女にも起ったことなのだ。そのことが二人の絆を強いものにした。一九七六年の夏、私たちは正式に結婚した。

再婚するという考えは、私にとって必ずしも心地良いものではなかった。依然として私は、外側の活動は一時的なものであるという考えに固執していた。すぐに瞑想とヨガに明け暮れる日々に戻ることを許されるだろうと思っていた。ドナとの関係は、「こうあるべきだ」と私が考えていることを手放すよう私に強いた。私は愛や結婚を追い求めていなかったが、人生の強力な流れがその両方を授けてくれたのだ。幸いなことにドナは生来とてもスピリチュアルな傾向を持っていた。私たちはお互いにそれぞれの静かな時間を享受した。結婚したからといって、別々の家で暮らすことをやめるつもりはなかった。

七月にアムリットのところに新婚旅行に行った。帰ってくると、新たな人生の局面が始まっていることが明らかになった。寺院で夜と早朝の瞑想会を始めてからというもの、定期的に誰かが寺院のゲストルームで寝泊まりするようになったらしい。新婚旅行から帰ってきた私たちは、留守中ずっと誰かが寺院に滞在していただけではなく、ラダ・カウツというとても熱心な求道者がよりによって私の家で寝泊まりしていたことを発見した。数年前のサンディのケースと同じように、実際に誰も引越してくるよう頼んでいなかった。ただ単にここに住むようになってしまったのだ。ドナと私はスピリチュアル共同体への訪問から戻ってきたばかりだった。こうしてどうやら私たちは一つの家で暮らすことになったようだ。

実のところ、私はスピリチュアル・センターを開設しようなどと思ったことはなかった。すべて人生の流れに身を委ねることで起ったのだ。それぞれのステップで多少の抵抗はあったが、つまりは手放しつづけたのだ。ひとりになれる場所を人々と分かち合うのは私が望んだことではなかったが、それは他人に奉仕することが自分自身への奉仕よりずっと気高いことを理解していなかったせいだ。ほぼ四〇年たった今、寺院の共同体がどうやって始まったのかと尋ねられることがある。どう答えたらいいのだろう？　自分が始めたのではないことだけははっきりしている。せいぜい、「自分を手放し、成るように任せたんです」としか言いようがない。

①一例は、禅の教師が一九八〇年代に通りかかり、夕食のために立ち寄りたいと言ってきたときだった。食卓に行ってみると、『禅の三本柱』の著者、フィリップ・カプローが座っていたので驚いた。彼の著作は私のスピリチュアルな旅を大いに助けてくれていた。そのことに感謝する機会を、人生の流れが与えてくれたのだ。

第4部

宇宙の流れに委ねるビジネス

27章　ウィズラブ建設の船出

一九七六年十二月、サレンダー・イクスペリメントを象徴するような出来事が起きた。アラン・ロバートソンの個人指導、サンタフェでの授業、ゲインズビルへのババの招聘などを気が進まないながらも受け入れたことによって私の人生の方向が変わってしまったように、またしても自分にその気がないにもかかわらず、最終的には私の運命と完璧に調和するようになるあることを頼まれたのだ。

ちょうどサンタフェでの授業から帰ってきて、森の中を静かに散歩していたときだった。寺院の正面に続く狭い道を下っていくと、思いがけないものを目にして立ち止まった。保安官のパトロールカーが寺院の正面玄関の前に停まっていたのだ。車のかたわらに制服姿の保安官代理が立っている姿はかなり威嚇的に感じられた。長年、そのあたりで警察官や保安官を見たことはなかった。保安官代理は私を呼び止め、「あなたがここの責任者ですか？」と尋ねた。頭の中の声が必死に何が起きたのかを解明しようとした。「なぜ保安官代理がここにいるんだ？　何かまずいことでもあるんだろうか？　寺院の中を見て、怪しい宗教的な絵や像を見たのだろうか？　ここはフロリダの中北部。何かトラブルに巻きこまれたのだろうか？」。こうした内的な雑音にもかかわらず、私はごく普通の声で答えた。「はい、私が責任者ですが、何でしょうか？」。ノウルズ保安官代理は、寺院を指さしながら、私がそれを建てたのか尋ねた。そうだと言うと、建て増しをするつもりがあるのかとさらに尋ねた。どうやら彼は粗削りのイトスギでできた寺院の造りを気に入り、その大工仕事の質の良さに感動したらしい。彼は自分の家のガレージを改造して居住空間にしてくれる大工を探していたのだ。

私は唖然《あぜん》とした。そんなことなど考えたこともなかった。確かに私は自分の土地に数軒の建物を建てたが、他人のために建てることなど考えたこともなかった。ましてや相手は公務員の保安官代理。頭の中で相反する反応がぶつかり合った。一つは、「とんでもない。そんなことはやりたくない。忙しいんだ。サンタフェでの仕事もあるし、とにかく俺は大工じゃないんだ」と言う声。もう一つは、人生が差し出した頼みごとを引き受け、自分をどこに導いていくかを見きわめることを要求する無言の促しだった。私は一息つき、保安官代理を見上げて言った。「分かりました。喜んであなたの計画のお手伝いをしましょう」と。他のときと同様、自然に口をついて出た。こうしてこの新しいサレンダーの行為がどんなウサギの穴につれていってくれるか見きわめなければならなくなった。

保安官代理のノウルズは私の初めての建築の仕事にはうってつけの人物だった。自分の望みをきちんと分かっていたし、実費清算で仕事をすることを許してくれた。それは絶対必要なことだった。予め正確な値段を告げたり、材料費を立て替えたりする立場になかったからだ。当時の賃金を考えると、誰よりもずっと安い賃金で働いていたのは確実である。アシスタントが必要だったが、寺院の新しい居住者であるラダがボランティアでやってくれた。大学がクリスマス休暇中の彼女は金槌を使えるし、大工仕事をやりこなせることを私に保証した。私たちはエプロンを身につけ、仕事をしに車で町に出かけた。

頼まれたわけでもない予期せぬその仕事が、私の建設会社「ウィズラブ建設」(Built with Love)の出発点になった。ノウルズは私たちの仕事をとても気に入り、人々に振れまわった。すぐにアラチュア郡の保安官事務所の役人やスタッフたちの家の改築や修繕を山ほど頼まれるようになった。私は依然としてポニーテールを結いサンダル履きだったが、誰も気にしていないようだった。ラダはパートタイムで手伝うだけだったので、私ひとりでやった仕事がいくつもある。暖炉を作ったり、ガレージを二、三度取り壊したりもした。屋根付き玄関もたくさん取りつけた。一つ一つの仕事を、宇宙そのものに与えられたかのように扱った。実際、その通りだったからだ。

　リトリートが他者に奉仕することを教えたように、素晴らしい人々のために家の修繕の仕事をすることが私のスピリチュアルな修行の一環になった。私は知りもしない人々の人生に喜びをもたらす機会を与えられたのだ。それが嬉しくてたまらず、ただでも喜んでやってやろうと思った。だが実際にはそうならなかった。私はお金を受け取り、ビジネスを営むことを学ばなければならないところまできていた。人生は私に自己概念を手放させようとしていた。私はずっとそれを意識し、何をするにも精魂を込めてやってきた。サンタフェのクラスも、寺院での朝夕の瞑想会も、スピリチュアルなリトリートの運営も、大工仕事も違いはなかった。すべてに共通していたのは、自分にも理解しがたい、人生の流れに身を委ねることによって私に与えられた、ということだった。

28章　正式な建設業者に

物事が生じるとき、それがどのように花開くのかを見ているのは興味深いことである。まず私は入ってくるお金を処理しなければならなかった。すべて小規模な家の改築ではあったが、それまでに扱ったことのないような額のお金をもたらした。ラダに帳簿をつけた経験があることが分かった。夏休みの間、彼女の父親が局長をしているフロリダ農場事務局の帳簿をつける手伝いをしていたのだ。それまで計算機のキーを彼女ほど速くたたく者を見たことがなかった。私は大学で会計学を副専攻していたので、一緒に会社の帳簿を作った。会社を立ち上げるにあたっては、義理の兄で公認会計士のハーベイにアドバイスを求めた。さぞや彼は驚いたに違いない。彼はウィズラブ建設を立ち上げるための文書業務もやってくれた。それればかりか、毎年帳簿をチェックし納税申告をすると申し出てくれた。それは公認会計士が必要な世界最小規模のビジネスになるに違いなかった。いつものように私には荷が重すぎるような気がしたが、またもや起りそうにない出来事が起った。

ウィズラブ建設を始めてそれほどたっていない頃、私たちは日曜日の瞑想集会の後、野原で会合を開いていた。大きな輪を作って共同体からのアナウンスを聞き、それからお茶とクッキーをいただくのが慣例になっていたのだ。アナウンスの後、ひとりの男性が私に近づいてきて、私に建設の仕事をやっているのかと尋ねた。そうだと言うと、建設業者の免許を使う気があるかどうか私に尋ねた。これまで何か許可が必要な場合には、施主に取ってもらっていた。しかし、もっと大きな仕事が入った場合、請負業者の免許を持っていたほうが好都合だろう。私は興味があると言った。すると彼は、私が使える建設業者の免許を持っていると言った。彼が根っからのヒッピーに見えたので、免許のある請負業者とは考えにくかった。どうやって免許を取ったのか聞いてみると、数年前、郡と州の免許事務所の間でもめた時期があり、その間、申請書を提出しさえすれば誰でも建設業者の免許を取得できたのだと彼は言った。本当だとは思えなかったので、翌日、郡の免許事務所に電話をかけ、彼の免許証番号について尋ねてみた。するとその免許は有効であり、ウィズラブ建設はそれを活用してどんな仕事でも自由にできるとのことだった。

私は有資格の建設業者になった。どうも、そうなる運命にあったらしい。というのもその後すぐに、寺院の所有地に特別な建物を建てるプロジェクトが持ち上がったからだ。ドナの一二フィート×一六フィートの山小屋は、彼女と生まれてくる子供が暮らすには手狭なようだった。ほんの数カ月前なら、彼女の家を建て増しする資金はなかっただろう。身を委ねている宇宙の流れが、私の気づかないうちに、その問題を片づけてくれた。私たちはライフスタイルを変えていなかったので、ウィズラブ建設が得た利益はすべて寺院の運営費にあてられた。私はドナの小屋の側壁を取り壊し、ベビーベッドを置く部屋と浴室を含む増築をした。

私の娘のドゥルガー・デビは一九七七年八月に生まれた。アムリットとマタジ、その他大勢の人々が娘の健康、繁栄、霊性の発達を願って伝統的な贈り物を送ってくれた。娘はいわゆるスピリチュアル共同体で生まれた。どのように育っていくのかを見るのがとても楽しみだった。

ここで少し立ち止まって、私たちの人生に起きた変化のすべてを整理してみよう。私はいつも収入の範囲内で生活をしてきた。サンタフェで非常勤講師として月に三五〇ドルを稼いでいたときもそうだった。今やサンタフェでの給料に加えて、ウィズラブ建設が月に数千ドル稼いでくれた。それ以上の収入は必要なかった。少なくとも私はそう考えた。宇宙のエネルギーが実際に流れ出すとき、私はいつも完璧な流れだと考える――あるいは、願う――ようにしていた。自分がエネルギーを導こうとするのではなく、エネルギーに従ったほうが良いのだ。なぜなら宇宙のプランは、私が想像するよりいつもずっと発展性があるからだ。

ドゥルガーが生まれる少し前、衣料品を扱うある会社から、ゲインズビルにあるＡＢＣ酒販店を衣料品店に改築したいという電話をもらった。それまで商店の仕事などしたことはなかったが、ウィズラブ建設の免許があればそれは可能だった。その頃までに大半の仕事をこなせる社員をひとり雇い、私は軽トラックに乗って仕事をしていた。その仕事を受けたが、それを始める前に面白いことが起った。

衣料品会社の店の開店業務の責任者である女性が電話をかけてきて、すぐに来てくれと言うのだ。行ってみると、彼女は当初の計画を変更したいので追加の作業が必要になったと説明した。仕事が増えると料金がかさむと言うと、彼女は激高して「コストなんか気にしていないわ」と返してきた。彼女は即仕事に取りかかってもらいたい様子だった。彼女の怒りのエネルギーが昂じていくのを感じたので、私は呼吸を鎮めマントラに集中した。当時も私は世俗の仕事を、自分自身を手放し、穏やかにバランスを保つための機会として利用していたのだ。私は丁寧に、しかし多少冗談めいた口調で、「うちの社員が働いている現場へ行って、今やっている仕事を中断させて、こっちの仕事をやらせたいんですか？」と尋ねた。「ええ、その通りよ」と言われたら困ると思ったが、彼女は、大変だろうけど、どれだけ費用がかかっても払うつもりでいるとはっきり言った。そこで私はできるだけのことをすると約束した。

その仕事の間中、彼女は変更に変更を重ね、すぐに取りかかることを求めた。しかも私をやる気にさせるだけのお金も払った。変更がたくさんあったにもかかわらず、予定の半分の時間で仕事をやり終えた。特別手当、変更料、時間外手当などを含め、たったの四週間の仕事で私は三万五千ドル余りの利益を得た。その額をしっかり覚えているのは、通常の一カ月数千ドルの収入をはるかに超えていたこと、そしてその後引きつづき起きた出来事のせいである。私たちの土地に隣接する五エーカーの土地の一つを持っている隣人から電話をもらったのだ。彼女は自分の土地に二つの田舎風の小屋を建設中だったが、よそへ移転することに決めたらしい。前払いの現金で払ってくれるなら、三万七千ドルで譲ってもいいと言った。

その前の奇妙な仕事でほとんど同額の収入を得たという事実に、私は畏れ多い気持ちになった。それさえも控え目な言い方でしかない。私は、生涯忘れられないシンクロニシティを目撃したのだ。寺院が最初の一〇エーカーを超えて拡大するというのは、宇宙のプランの一部だったのだろうか？　私自身はそうした拡大には興味がなかった。考えたことすらなかった。しかし、お金が現に手許にあり、何のためのものかは明白だった。こうした出来事は一切私には関係なかった。私はただの媒介者にすぎなかった。お金が自分のものだとは感じなかった。それを求めたこともなければ、ウィズラブ建設のために仕事を見つけようと、ことさら努力をしたこともなかった。仕事は口コミで向こうから次々にやってきて、私は自分のできるかぎりのことをしただけだった。今、自分がすべきことは、あの不思議な仕事で入ってきたお金が、寺院の名目で、隣接する土地の購入に使われるのを見届けることだけだった。

29章　コミュニティ・バンキング

保安官代理のノウルズのガレージを改築する仕事を終えて、一年もたっていなかった。ウィズラブ建設は成長し、二人の従業員を雇い、ラダはフルタイムのマネージャー兼帳簿係として働いていた。仕事は増えただけではなく、規模も次第に大きくなっていった。一九七七年九月、衣料品店の仕事を終えた直後、私たちがどうしても通過しなければならないことが起きた。若いカップルに家の建築を頼まれたのだ。

その時点までウィズラブ建設は改築の仕事を手がけ、資金のやりくりはいつも施主に任せてきた。しかし、家の新築となると、会社と銀行との間で建築ローンを組む必要があった。私には自分名義の資産がなかった。すべてを寺院に譲渡していたからだ。ウィズラブ建設が稼いだ利益もすべて寺院に寄付していた。だから会社も私も最初の建築ローンを組むために必要な貸借対照表を持っていなかった。私は、自分たちが家の建築を手がけることになっているのならそのうち何かが起るだろうという構えでいた。私はそれまでやってきた仕事の参考資料と、九カ月に及ぶ財務履歴を含むウィズラブ建設のポートフォリオ（金融資産の組み合わせ一覧）を作成した。私たちは一〇万ドルも稼いでいなかったが、家を建てた経験があることを示すために自分の土地に建てた建物をリストアップした。そして、ローンの申込書と一緒に、たくさんの銀行にそのポートフォリオを提出した。査定の結果が下りた。どの銀行からも断られた。ウィズラブ建設は初回の建築ローンを組み立てるために必要な基準に達していなかった。

私は諦める前に、人生と一勝負をしてみようと思った。今の状況を家の建築が将来のプランに入っていない証拠とみなす前に、もう一つだけ銀行に当たってみることにした。私はゲインズビルのダウンタウンにある感じの良い銀行のロビーに座っていたのを覚えている。長時間ローンの担当者を待っている間、人々が私の前を行き交っていた。どちらかというと落胆せざるをえない状況だったが、私はその時間を、頭の中の声が言うことを手放すことに集中するために使っていた。一つ気がついたことがあった。ビジネスが、森の中でひとり暮らしていたときとはまったく異なる状況に私を追いこんでいるということだ。それが自分の精神的な成長を助けていることに気がついた。心の中の雑音を見つめることによって、それらを放置する術を学ぶことができたからだ。人生に身を委ねる目的が自分自身から自由になることであるなら、きわめてうまくいっていた。

目の前の顧客をさばいていた受付係が、私についてくるよう言った。彼女は私をオープンロビーの融資担当者のところへは案内せず、ロビーを見渡せる部屋の一つに案内した。彼女がドアをたたくとき、支店長ジム・オウエンスという表札がかかっていることに気がついた。なんで支店長なんだと多少びっくりしたが、その後で起きたことはもっとショッキングだった。部屋に入ると、支店長は机の向こうに座っていた。彼は近寄ってきて、私の申請書は融資委員会で決められた基準を満たしてはいないけれど、地方銀行は地域のビジネスを支えるべきだと個人的には思っている、と言った。どうやらジム・オウエンスは私の申請書に興味を抱き私の土地まで車で行って、私の家や寺院の建物を見てきたらしい。その後自ら融資委員会に出向き、私の申請書を承認させることに成功したらしい。今日、二万ドルの融資の申し込みが認められた、と彼は言った。彼の首がかかっているので、彼の期待を絶対に裏切るわけにはいかなかった。

この人物に何と言ったらいいのだろう？　コミュニティ・カレッジの学長アラン・ロバートソン、ババを招聘するきっかけを与えてくれたラマ・マロン、保安官代理のノウルズ――彼らは一体何ものなのだろう？　彼らの導きで私はサンタフェで授業を行ない、ババをゲインズビルへ招聘し、ウィズラブ建設の設立を行ない、新築家屋の建築に着手しようとしている。彼らは、まるで私が人生で何をすることになっているかを告げるために神に遣わされた使者のようだった。

ジム・オウエンスの尽力で建築ローンが組めるようになった今、私にできるのは彼に感謝し、絶対に期待を裏切らないよう約束することだけだった。私たちは若いカップルのために、小さいながらも美しい家を建てた。彼らは大喜びだった。ウィズラブ建設は今や大がかりな注文住宅の建築を始めるスタートラインに立っていた。ジム・オウエンスのような人物に会えたことを光栄に感じた。銀行のトップの人間が私のようなまったくのよそ者、しかもスピリチュアル共同体で暮らしているよそ者のために格別な努力をしてくれるなんて、考えたこともなかった。私には学ぶべきことがまだたくさんあると思った。

ジム・オウエンスとの物語はそれで終わりではない。一〇年後、私がビジネスの世界で目覚ましい成功を収めた後、人生の見えない手が、ありえない状況の下で私たちを出会わせた。

ある晩私はドナの家で遅くまで仕事をしていて、休憩を取ることにした。テレビは面白いものをやっていなかったので、ゲインズビルの北側に新しくできたビデオ屋に車で行った。ふだん夜間に町へ出かけることなどほとんどなかった。店にはレジのカウンターの背後にいる人物以外、誰もいなかった。店の奥で映画のビデオを眺めていると、店の人間が電話で話しているのが否応なく聞こえてきた。運転資金の融資をしてもらうために銀行に行ったが、銀行は小規模のビデオ店なんかには融資してくれないらしい、と誰かに向かってしゃべっていた。その男性にかすかに見覚えがあるような気がしたが、思い出せなかった。だがレジに行って思い出した。ジム・オウエンスだった。

ジムも私のことを認めた。私たちは一〇年前に別れて以来それまであった出来事を報告し合った。彼は銀行を辞め、起業家として腕を試しているところだと言った。私は、融資を必要としているという会話を立ち聞きしてしまったことをすまない、と彼に伝えた。彼が私のためにしてくれたことを念頭に置き、お役に立てるかどうか聞いた。彼はその申し出にとても驚いた様子だったが、最終的に店を改装する間のキャッシュフローをカバーするために二万ドル余りの融資先を探していることを打ち明けた。立場こそ逆だったが、一〇年前、彼が私に用立ててくれたのと同じ額だった。信じられなかった。彼が銀行からの融資を断られた直後に、たまたま私が彼の店に行き、電話での会話を立ち聞きすることで融資を断られたことを知る。そのような一連の出来事が起る蓋然性《プロバビリティ》はどのくらいあるのだろう？　一〇年後になって、ジムの親切な行為に対してお返しをするために、まるでそこへ送られたかのようだった。彼に資金を融通することを、私が光栄に思ったのは言うまでもない。

30章　拡大する宇宙寺院

一九七八年の春までに、ウィズラブ建設は注文住宅を建て、大がかりな改築を行なっていた。その頃、私はサンタフェでの仕事を辞めた。大学は留任するよう勧めてくれたが、常勤が条件だった。しかも、すべてのクラスで標準の社会学の教科書を使わなければならなかった。あれこれ迷う必要もなかった。人生はすでに私にフルタイムの仕事を与えていたからだ。仕事の中心はすでにウィズラブ建設に移行していた。以前なら、変化の時期には抵抗を感じていたが、今回はまったく感じなかった。蛇が古い皮を脱ぎ捨てるように、私の人生は自然に変化した。

サンタフェでの授業を辞めてまもなく、ＰＧＡツアーのプロゴルファー、トム・ジェンキンスのために美しい家を建築する依頼を受けた。後で分かったことだが、ジェンキンス一家は寺院から道路を少し下ったところに土地を購入していた。私たちの敷地とその土地との間にはたったの一区画しかなかった。私にとってそれはもう一つの奇跡のようだった。自分の住んでいる場所から歩いていけるところに最高に素晴らしい注文住宅を建てることになったのだ。もし、最終的に私たちがその家を所有することになり、そこが寺院に住む人たちの中し分のない家になることをそのとき知っていたら、私はどのように考えていただろう?

宇宙寺院の拡大は興味深い話題の一つだ。一九七八年の終わり頃までに、寺院には六、七人の人々が住んでいた。寺院で暮らす者からは家賃をもらっていた。大した金額ではなかったが、少なくともただで泊まりに来る者はいなかった。ウィズラブ建設は小規模なビジネスをうまく営んでいく方法を教えてくれた。ラダはプロっぽいやり方で寺院を切り盛りしていた。

運命の巡り会わせで、唯一のキッチン付きの小屋に越してきた人物が、夕食にベジタリアン料理を作るのを好んでいた。ほどなくして私たち全員が定期的な夕食の客としてその家に出入りするようになった。祝日や誕生日の集まりのときもそこへ集まった。私たちは共同体として生活しはじめていたのだ。寺院に住む人々は朝晩の瞑想会に出席し、家賃を払うことを求められたが、そんなに難しいことではなかった。私はといえば相変わらず、心の中の絶え間ないおしゃべりにとらわれないよう最善を尽くすことを求められていたが、これはかなり難しいことだった。

ウィズラブ建設は周辺で売りに出された不動産物件を買えるぐらいのお金を稼いでいた。

私はそれを人生とのゲームにすることにした。もし近隣の不動産物件が売りに出され、私たちがそれを買えるだけの資金を持っていたら、すぐ買うことにしたのだ。ぴったりな人物が現われ、その家に住むようになっていくプロセスを眺めているのは面白かった。人々がどのようにして寺院に落ち着くようになるかは、人によってまちまちである。だが、驚くべきストーリーがいくつかある。それらの出来事は、人生の流れに身を委ねようとする私の意欲に甚大な影響を及ぼした。人々は、自分の、そして私たちのスピリチュアルな成長にちょうど見合ったときに現われるように思えた。中でもいちばん驚かされたのは、何年間も寺院に住みつくことになったある学生の物語である。

初めて彼女に会ったのは、大学での在職も終わりに近づいた冬、サンタフェで教えていたときのことだった。教室に入っていくと、部屋が暑すぎて眠くなると学生たちが不平をこぼしていた。私は窓際に行って窓を開け、新鮮な空気を招き入れた。そのとき、通路でうろうろしている女性を見かけたので、手招きして部屋に入ってもらった。私のクラスには登録していない聴講生がよく授業を聞きにきていたので、何とも思わなかった。その学生が寺院の瞑想に参加しはじめたときも何とも思わなかった。彼女はスピリチュアルな修行にとても真摯に向き合い、最終的に寺院の地所に立つ家に越してきた。数年たってから彼女は、長い間私のクラスに出たいと思っていたが内気なためにその勇気がなかった、と教えてくれた。あの寒い冬の日、通路でうろうろしている彼女を見て、私が窓を開け、手招きして彼女を教室に入れてくれたことを、彼女は涙目で深く感謝していると言った。あのとき私がたまたま窓辺に行ったことが、彼女の運命を大きく左右することになったのだ。

そのようなことが立てつづけに起った。それは宇宙の流れとしか言いようのないものだった。宇宙の流れは、社会で働きながら、スピリチュアルな修行を規則正しく続けていく方法や、同じように修行に励む人々をサポートする方法を教えてくれた。また、拡大しつづけるスピリチュアルな仕事を支えるビジネスを立ち上げ、成功させる方法も教えてくれた。さらに一流のスピリチュアルな教師のために全州規模のリトリートを後援し、一ダース以上に膨れ上がった真摯な探求者に家を提供することによって、人々に奉仕する方法を教えてくれた。だが、私がそれまでに教えられたことのすべては、次に訪れる出来事の序章にすぎないことをまだ理解できなかった。サレンダー・イクスペリメントの初期の段階で起ったことのすべては、星に向けての多段式のロケットの最初の打ち上げにすぎなかった。

31章　クリエイチャーの変容

一九八〇年代に起った私たちの驚異的な成長の話に移る前に、「サレンダー」することについて多くを教えてくれた、人生のもう一つの局面について話しておくべきだろう。刑務所での仕事についてだ。私はどんなに忙しくても、一週間おきの土曜日の朝には、必ず刑務所を訪れた。ラダは学校を卒業すると、この刑務所訪問に同行するようになった。彼女は増えていく一方の受刑者との手紙のやり取りを担当し、受刑者たちに頼まれたスピリチュアル関係の本の持ち込みもやってくれた。必要に迫られれば、私は自分の予定を変更してでも訪問が途切れないようにしただろう。

厳重警備下の刑務所に監禁されている者たちがどんなに真剣に内的な自由を求めているか、それを説明するのは難しい。ぶ厚い壁は彼らの身体を拘束することはできても、彼らの魂を閉じ込めておくことはできない。もちろん、彼ら自身の心が魂を閉じ込めるというなら、話は別だが。刑務所の収監者たちはそのことをとても深いレベルで理解していた。私は彼らに瞑想のやり方と少しだけヨガを教えた。だが、もっともよく話し合ったのは、自分自身を手放すことについてだった。彼らは頭の中の声を見つめ、そのくだらないおしゃべりに耳を貸さない方法を学んだ。私が話した後、グループになって分かち合った。時々、受刑者のひとりがその週に起った出来事について話した。頭の中の声が愚かなことをするよう自分に告げたというのだ。彼はそれに従うか、それともただ聞き流すかの選択について語った。話をしている最中、その受刑者は、昔の自分だったらすぐに破壊的な行動に走っていたと言って笑い出した。今回、彼はただ聞き流したのだ。受刑者たちが、そのようなときどうすればいいのか――自分自身を手放すにはどうすればいいのか――を互いにシェアし合うのを聞いていると、私の心は和んだ。人生が幸運にも私をそのような話し合いの場に居合わせてくれたことを、私がどれだけ名誉に思い感謝しているか言葉では言い表せない。

彼らのほとんどは一生刑務所にいたが、ときには他の施設に移される者もいた。長期間、ユニオン・コレクショナル・インスティテューション（UCI）にいる者は深い絆で結ばれ、お互いに励まし合ってスピリチュアルな日々を送っていた。グループのひとりが教えを深く身に付け、他の者たちのリーダーになっていくこともよくあった。そのような並はずれた人物のひとりをここで紹介しておきたい。彼の物語はサレンダーすることについての洞察をもたらしてくれるからだ。

私が最初にデビッドに会ったのは一九七五年だった。私のグループがＵＣＩのチャペルの二階で会合を開いていたとき、ばかでかい男が前に歩み出てきて私のそばに座った。ＮＦＬのフットボール選手並みの体格をしていた。太っているのではなく、でかいのだ。私が話し終わると、彼は私のところへやってきて、「俺の名はクリエイチャー（得体の知れない生き物という意味）。アウトローのメンバーだ」と言った。アウトローについては聞いて知っていた。ヘルス・エンジェルスのような暴走族である。私は立ち上がり手を差し伸べて、「やあ、私はミッキーだ」と答えた。それがクリエイチャーとの初めての対面だった。

クリエイチャーのシャツの名札にはデビッド・クラークとあった。彼はその日以来、私のクラスに毎回やってきた。私の受け持つグループはほとんどが黒人かヒスパニック系の人間だったので、南部の白人であるデビッドは目立った。彼のような経歴を持つ人間を、私の話の何が引き付けているのか興味があった。彼が真剣に自分自身を改善し精神的に成長したがっていることが少しずつ分かってきた。彼は次々に本を所望した。最初はヨガナンダの『あるヨギの自叙伝』だった。何度かの訪問の後、彼がヨガナンダの写真を持ち歩いているのに気がついた。全米でもっとも暴力的な暴走族のリーダーとして、自分が犯した罪で終身刑を課せられているこの真摯で賢い人物をどう判断していいのか分からなかった。彼に深い愛情を感じたことをはっきり言っておきたい。人生が彼の重要な成長段階で私たちを引き合わせてくれたことを、私は光栄に思った。

デビッドはクラスの後私のところへやってきて、いくつか奥の深い質問をした。たくさん瞑想している者に特有の質問だった。実際、彼がグループ内の他のメンバーとやり取りしているのを見て分かったのだが、彼は自分の所属する独房棟の受刑者たちのために瞑想の会を組織していた。それは何年もの間続いた。デビッドはグループの他の連中の友達として、みんなから尊敬されるリーダーになった。ある日、デビッドが私に近づいてきて、集まりに来られなくなることが起きたと言った。当局は何年も前、ライバルの暴走族のメンバー何人かの遺体を発見していたようだ。その件で、デビッドと他の数人のアウトローたちが告訴されることになったのだ。彼はこの事態の変化に動揺しているようには見えなかった。実際、彼はそれを自分の過去のカルマの一部を清算することとみなしていた。過去に悪事を働いていた彼はそれと向き合う機会を求めていたのだ。そのような状況でも完璧に自らを明け渡し穏やかな状態でいるデビッドを見て、私はとても謙虚な気持ちにさせられた。

裁判を待つ間、デビッドは「ロック」と呼ばれる建物の中にある厳重警備の留置所の独房に監禁された。ロックには、UCIが一九二五年に設立された当時から存在する独房棟があった。その生活環境はロックの中でも相当ひどいものだったので、一九九九年に裁判所の命令で取り壊された。デビッドが留置所に監禁されている間、彼に会うことは許されなかった。

しかし、彼は手紙で毎日、瞑想と詠唱に明け暮れていると知らせてくれた。

ヨギのアムリットが毎年恒例のリトリートのために来る予定になっていたとき、デビッドは、自分にとってアムリットのような偉大なヨギに会うことがどんなに意義深いものであるかを手紙で書いて寄こした。状況を考えれば、アムリットに会えないことをデビッドは承知していた。しかし手紙の文面から、彼の真摯な情熱が感じられた。私はアムリットに手紙を書き、こちらで必要な手配をしたらデビッドを訪ねてくれるかどうか尋ねてみた。アムリットは刑務所を訪れたことは一度もなかったが、デビッドの話に心を動かされ、シンプルに「ぜひ会いたい」という返事をくれた。

私は刑務所のあらゆるつてを使った。私はずいぶん前から刑務所つきの牧師と懇意になっていた。また刑務所長とは、私たちが献金をしていたこともあり顔なじみだった。ウィズラブ建設を始めてから、私たちは毎年数千ドルの寄付をし、チャペルの改装や、牧師が受刑者たちの要求に応えられるよう支援してきた。

最終的に、アムリットとデビッドの面会が許可された。条件はとても厳しかった。デビッドは外に出ることはできなかった。アムリットと私はロックの留置所がある区域に入っていかなければならなかった。その日のことは決して忘れられない。アムリットは聖人らしくオフホワイトのガウンを羽織っており、歩くと裾が流れるように揺れた。刑務所の正門を通り抜けるとき、私たちは沈黙を保った。刑務所内で暮らすのがどんな感じなのか、アムリットが知りたがったのだ。ロックの中に入っていくのがどういうものかを、私はうまく説明できない。私たちが歩いて通った独房棟はすべて、片側に鉄格子の独房が並び、その向かい側が石壁になっていた。色は一切なかった。だが、私たちが行こうとしていたのはそうした独房の一つではなかった。それら独房の列を通り越して窓のない暗いところに案内された。それがロックの留置所の一画だった。私たちは面会のために使われている薄暗い部屋に通された。それ部屋の真ん中に、薄汚れたトイレがむき出しの状態で配置されていた。壊れかけた小さなテーブルと三つの椅子以外何もなかった。アムリットと私は数人の監視人が見守る中、ぐらつくテーブルの前に座った。

少しするとデビッドがつれてこられた。手足を拘束されていたが、私には美しいと映った。再会できて嬉しかった。私たちは抱き合い、彼をアムリットに紹介した。全員テーブルに着いた。デビッドとアムリットは向かい合わせに座った。デビッドが下を向いたまま、私たちは長い間座っていた。部屋の中のエネルギーが、アムリットが真言の詠唱を終えた後の寺院のように感じられた。強力なエネルギーが充満していて、ほとんど何も考えられなかった。アムリットがデビッドにどう感じるか尋ねるまで、誰からも一言も言葉は発せられなかった。デビッドが答えるために頭を上げた。そのとき初めて彼の顔が見えた。涙が頬を伝って流れ落ちていた。顔は柔らかな光で輝いていた。「あなたが私をとても愛してくれていることを感じているのだと思います。完璧に愛に圧倒されていますから」とデビッドは囁くような声で言った。その日語られた言葉はそれだけだった。しばらくの間、私たちは沈黙したまま座っていた。やがて、看守がデビッドを独房へつれ戻した。アムリットと私は導かれてその暗い部屋から退出し、独房棟のウィングを通りロックの外へ出た。正面玄関へ戻る道は自分たちで見出した。

太陽の光に目が慣れてきたとき、私は一つの考えに圧倒された。

この地球上には、人々が暮らしているさまざまな場所がある。高い場所もあれば、低い場所もある。デビッドがひとりで暮らしているあの独房――まさに刑務所の中の刑務所――は人間が最後に行きつく、地球上でもっとも低い場所に違いない。あれ以上低い場所はないだろう。にもかかわらず、デビッドのスピリチュアルな修練による誠実さが、地球上の高次の存在のひとりをあの薄暗い独房に引き寄せたのだ。

私はあの日、デビッドが何を体験したのか訊ねなかった。しかし、彼は私たちの前から去っていくとき、輝いていた。以前、アムリットが私の額に手を当てたときに経験したことを思い出した。親愛なる友であるデビッドも、あの圧倒的な愛の経験を一生涯心に保ちつづけただろうと思うと、私は深い安堵感に包まれた。②

②デビッドが裁判で、自分の罪を深く悔いたことをお知らせしておこう。「ロック」でのつらい経験の後、デビッドはＵＣＩから他の施設に移された。その施設で「信頼できる受刑者」の地位を獲得し、教会で働いているという手紙をもらった。その後、音信が途絶えている。

第5部

お金では得られないもの

32章　パーソナル・セルフからパーソナル・コンピュータへ

何のきっかけもなくふたたびすべてを変えてしまう出来事が起ったのは一九七八年の秋。人生のほんの一瞬がどのように自分の運命を決めるのかを振り返って見るのは、心躍ることだ。人生がそうした瞬間をプレゼントしてくれなかったら、あるいはそうした瞬間にまったく異なる対応をしていたら、どうなっていただろう？　時間の経過につれ、すべては違ってきただろう。

そのときまで、自分に何が求められているのかを私は理解していると思っていた。ウィズラブ建設をできるかぎりうまく経営し、そこで得た資金を使って寺院の素晴らしい事業を支えることが自分の使命だと思っていた。例によって、その考えは間違っていた。大間違いだった。

人生が私のために用意していたものは、規模においても範囲においてもはるかに壮大だった。私が年商三百万ドル、直属の部下二千三百人を抱えるコンピュータ・ソフトの会社を経営するようになるなど誰が想像できただろう？　しかも部下たちは全員アラチュアの森に留まっていたし、私もスピリチュアルな探究を諦めることはなかった。私はコンピュータに触ったこともなかったし経済的にも満足していた。それなのに、人生の出来事の流れはどのようにしてそんなことをやってのけたのだろう？　今日、その質問に答えるよう迫られたら、「サレンダーしたのだ」と答えるだろう。私の「サレンダー・イクスペリメント」は、常に今の瞬間に存在し、自分の好き嫌いで物事を決めないよう最善を尽くすことを教えてくれた。私は、人生の現実そのものが私の向かうところを決めるのに任せてきたのだ。それはその時点まで、私を素晴らしい旅へと誘ってきた。そして三〇年をかけて驚くべき現象を引き起そうとしていた。読者がその驚くべき出来事がどのような順序で展開していったかを知りたいというなら、喜んで分かち合いたい。

すべては、何の変哲もないある日、近所の家電量販店チェーンのラジオシャックにウィズラブ建設で使う材料を受け取りに行ったときに始まった。店から出ていこうとしたとき、一二インチのＴＶ画面に取りつけられたプラスチック製の、タイプライターのキーボードのようなものがあることに気づいた。上には、TRS-80 COMPUTERという看板がかかっていた。運命の定めで、私はこのとき、市場に初めて出されたパーソナル・コンピュータの一つに遭遇したのだ。好奇心のかたまりの私はその展示品に歩み寄り、数回キーをたたいてみた。するとヽ私がたたいたキーの文字が魔法のようにモニターに現われた。人生で初めての経験だった。私は大学で「コンピュータ入門」のコースしか取っておらず、当時、私たちがすることは、すべてカードに穴を開けて情報を伝達するシステムであるパンチカードで行なわれていた。実際コンピュータにつながれているワークステーションに近づくことは許されなかった。

私はラジオシャックのこの装置に完璧に魅了されてしまった。それは私の内部にある何かをこじ開けた。一目惚れとしか言いようがなかった。私は長時間立ったまま、そのマシンをいじくりまわした。複雑な数の計算を入力すると、瞬時にその結果が画面に躍り出てきたのを見て驚いた。最終的にその展示品からわが身を引き離したものの、すぐそこへ戻っていくのは分かっていた。その機器に触れた瞬間から、私という存在の内奥から「それを手に入れなさい」と促す声が聞こえてくるようになった。その声に身を委ねるしかなかった。数日後ラジオシャックに戻り、店の最高のコンピュータに六百ドルを払った。それを持って帰って何をするのかについては、まったく何も考えていなかった。分かっていたのは、それを手に入れる定めにあるということだけだった。

私の最初のコンピュータは、ラジオシャック製のTRS-80モデル1で、一六キロバイトのメモリーと一二インチのモニター、そしてデータ保存用の標準カセットレコーダーが付いていた。それが当時手に入るすべてだった。BASICプログラミング言語のための簡単な使用説明書が付いてはいたが、詳しいものではなく、自力でがんばるしかなかった。

コンピュータが手に入ると、私はプログラミングのコマンドを学び、それで何ができるかを検証することに没頭した。どういうわけかすべてが自然に感じられ、新しいことを学んでいる気がしなかった。すでに知っていることを思い出している、という感じだった。コンピュータの前に座ったとたん、私の心はとても静かになった。瞑想状態に入っていくのにとても似ていた。エネルギーが上昇し、眉間に集中した。そして安らぎに包まれた。どうやら私はコンピュータを扱うよう定められていたらしく、そのことを疑わなかった。ひたすら起っていることに身を任せつづけたのだ。

コンピュータが現われる前、私はすでに二つのフルタイムの仕事をしていた。宇宙寺院とウィズラブ建設の仕事である。コンピュータをいじる時間を確保するために、夜の瞑想会の後も仕事に戻るようにしていた。明け方前まで仕事をし、朝の瞑想会のために、三、四時間しか眠らないこともたびたびあった。コンピュータに向かっている間はすこぶる情熱を喚起されるので、疲れはなかった。そのときすでに、何か特別なことが起っていたのは確実だった。

プログラムの作成がどんなものなのかその感触をつかむため、いくつか適当にプログラムを書いてみた。二、三週間もしないうちに、本物のプログラムを書く準備が整ったと確信した。自分に与えた最初の仕事は、ウィズラブ建設の会計システムをプログラミングすることだった。すべて独学でやるしかなかった。ラジオシャックのセールスマンはプログラミングについては何も知らなかったし相談できる者もいなかった。私はただ試行錯誤を繰り返した。

ウィズラブ建設の会計システムが完成すると、事態は劇的に進展した。私はラジオシャックの責任者と親しくなり、店を訪れるたびに、自分が作成したプログラムをプリントしたものを見せた。彼は私がその機器を使って行なったことに感動し、店の他の顧客を私に差し向けてもいいかと尋ねるようになった。ついにはプログラムを書いてもらいたがっている人たちを私のところに送り込んでくるようになった。突然、私は新しいビジネスに乗り出したのだ。信じられないかもしれないがこのつつましい始まりが、やがて「パーソナライズド・プログラミング」という全国規模の売り上げ数百万ドルのソフトウェア会社の誕生となった。

人生の流れに従うと決心して以来私の人生に起ったすべてのこと同様、パーソナライズド・プログラミング社はひとりでに発進した。会議も事業計画もなかった。ベンチャー投資家もいなかった。宇宙寺院やウィズラブ建設のときと同じように、自分に提示された人生の流れに従った。森を離れたことは一度もない。すべては、望みもしないのに私のところにやってきた。幸せなことに、私は人助けを心底愛していた。それが、頭の中の声を鎮める方法を習得するためにやってこようが、自分の家を建てるためにやってこようが、プログラムを書いてもらいたくてやってこようが、気にしなかった。私にとってすべて同じだった。私はプログラミングをこよなく愛し、プログラミングの才能を活用して、人々を助けることを愛した。

もちろん当初は、仕事は小規模で、いくら請求していいのか分からなかった。フロリダ大学のある教授のために三百ドルで学力評価のプログラムを書いてやった。私は完璧主義者だったので、自分で納得するまで改良に改良を重ねてから教授に渡した。プログラミングの仕事を始めたときから、すべてのコードが最高のものでなければ気が済まなかった。支払いがいくらになるかは問題ではなかった。プログラムのすべてが完璧でなければならなかった。

一九七九年になると、部屋に座ってひとりでプログラムを書くのに費やす時間が増えていった。ラジオシャックのマネージャーが顧客を差し向けてもいいかと尋ねたとき、その先どうなっていくのか見当もつかなかった。ゲインズビル中のラジオシャックの店だけではなく、ジャクソンビルのように遠く離れた所にある店からも電話がかかってくるようになった。すぐに、自分ひとりでは扱いきれない数の依頼が来るようになった。大学で経済学を学び、「需要と供給の法則」を理解していた私は、手間賃を上げてみた。それは何の効果もなく、仕事は切れ目なく来た。その頃、すべての仕事が、私を次のプログラマーのレベルに引き上げるために順序良く配列されているらしいことに気づいた。私は森の中に座りひとりで仕事をしていたが、人生は私をプロのプログラマーに成長させようとしていた。あつらえのソフトウェアを書くのにものすごく時間がかかることに気づくまで、そう長くはなかった。顧客が満足する市販ソフトを売るほうが楽だった。私はカリフォルニアのシステムズ・プラス社という会社が販売している会計ソフトのパッケージの一つを扱う販売業者になった。どのようにしてそのソフトを選んだのかは覚えていない。しかし今から思うと、それは何か直観的な決意だったに違いない。その後、私はその会社と運命を共にすることになったのだから。

一九七九年の終わり頃までに、私は会計ソフトのパッケージとそれに関連するハードウェアやサポートを売る仕事を増やしていた。私は顧客の面倒をきめ細く見るようにしていたので、システムズ・プラス社までもが顧客を私に紹介した。私は自分のところに来る仕事を通してプログラミングの腕を磨いていたが、この新しい仕事はいろいろな規模のビジネスのコンピュータ化を分析・実施、サポートする方法を教えてくれた。噂はあっという間に広がった。私の製品とサービスへの需要は増大した。システムズ・プラス社とラジオシャック、そして既存の顧客からの紹介の合間に、州全体に散らばる事業所から依頼が舞い込んだ。しかし私ひとりではたかが知れていた。私はどんなに忙しくても、寺院の朝晩の瞑想会には出ることにしていた。泊りがけの出張を避けるために多くのビジネスチャンスを手放し、スピリチュアルな修行を優先させた。そんなふうにしてやっていくつもりだったところに、ジェームズが出現した。

ジェームズ・ピアソンは寺院の地所にある一軒の家に引越してきたばかりのとても熱心な求道者だった。好都合なことに、ジェームズはパイロットの免許を持っていた。ある日彼は、私がよその町の顧客の仕事は引き受けられないとこぼしているのを小耳にはさみ、私を飛行機に乗せて回ってもいいと申し出た。単発エンジンの小型機を借りるとすれば、ジェームズの料金は非常に手頃だった。そこで、特別料金を払ってもいいというよその町の顧客への出張サービスを始めた。どちらかと言えば高所得者向けのビジネスで、ウェスト・パームで自家用ジェット機の販売をしているような顧客が対象だった。アラチュアの森に住むスーツなど着たことのないヒッピーは人生を教師として、徐々に成功したビジネスマンと取引する術を学んでいった。私の成功法則はきわめてシンプルだった。「目の前に差し出されたものは何でも、個人的結果を気にせず、誠心誠意やる。あたかも宇宙から与えられたものであるかのように。なぜなら本当に宇宙から与えられたものなのだから」

パーソナライズド・プログラミング社の仕事はいつも刺激的だった。私は小型二人乗り飛行機に乗って雲海の上を飛ぶようになった。広々とした空を見て、「どうしてこんなところまで来てしまったんだろう?」と思ったものだ。私はドロップアウトして、スピリチュアルな修行に専念するために森に移り住んだ。一度も森を離れたことはないし、後戻りしたこともない。今現在、アメリカ合衆国でもっとも裕福な町の一つであるウェスト・パームの店に雇われ、飛行機で飛び、コンピュータを導入する仕事をしている。すべては私の理解を超えている。何一つ私は訓練していない。ただおとぎ話の世界に生きているだけだ。

33章 「メディカル・マネジャー」の誕生

パーソナライズド・プログラミング社は成功した個人会社に成長した。一九八九年、義兄のハーベイが、責任の所在をはっきりさせるために法人化してはどうかと提案した。私には不要に思えたのを記憶している。それでも、彼のアドバイスを受け入れ、パーソナライズド・プログラミング社をフロリダ州に登録した。州から株券が送られてきたので。銀行の貸金庫に預けた。株券は美しい公式の紋章を持っていたが、私以外の誰にも価値はなかった。それでも、パーソナライズド・プログラミング社は今やフロリダ州公認の法人となった。

私は自分の会社の仕事が本当に好きだった。コンピュータに対する私の情熱は、ラジオシャックで初めてコンピュータに出会って以来、ますます強くなっていた。私が導入したそれぞれのコンピュータは、顧客に仕えるために残してきた親しい友人のようだった。パーソナライズド・プログラミング社は個人会社のように見えたかもしれないが、実際は、それぞれの顧客のところにパソコンという社員を残してきていた。彼らは昼夜を問わず無料で働き、決して不平不満を言わなかった。

顧客の債務返済システムをサポートしはじめると、パーソナライズド・プログラミング社は年間一〇万ドル以上稼ぐようになった。ほんの数年前、サンタフェで得ていた五千ドルとは大違いである。加えて、ウィズラブ建設もまずまずの収益を上げていた。こうしたことすべてを通して、私は自分のライフスタイルをほとんど変えなかった。仕事によって得たお金は寺院に寄付し、土地の購入やコミュニティへの奉仕に使った。何もかも滞りなく展開していたので、利己心は頭をもたげなかった。世俗的なこととスピリチュアルなことを分ける考えが消えたのはこの頃である。すべてのことが奇跡のように、完璧な人生の流れのように見えはじめた。

もし我を通していたら、その方向に人生は向かっていなかっただろう。だがどういうわけか、自分を明け渡す実験においては、通すべき我がないらしい。一九八〇年の初めのある日、二本の電話を受け取った。それが私の驚異的な旅の次のステージを開始させるきっかけになっていくことになる。電話は信用に足るものであるように思えた。医療費請求システムを探している人たちからの電話だった。彼らが求めているのは、パソコンを使って医療費の請求や保険金の請求ができるシステムだった。そのようなシステムは今のところどこにもなかったが、探してみて、折り返し電話をすると告げた。

しばらく探して、マイアミのあるつてを通して一つのシステムを見つけた。そのソフトウェアはパッケージ化されて全米に売り出されることになっていた。本来なら推薦人のチェックをするべきだったが、しなかった。システムの説明書と価格を手に入れた私は、価格に自分の取り分を上乗せして見込み客に連絡した。自分が何に足を踏み入れようとしているのか皆目分からなかった。一旦ソフトウェアのテストを始めると、まったく使いものにならないことがすぐに分かった。そのようなソフトの仲介をすることはできなかった。顧客に結果を伝える電話をしたところ、どちらも同じ反応を示した。私が信頼できるプログラマーで、これまでに数多くのビジネス向けのソフトを書いてきたと聞いている、と言った。そして、医療業務のソフトを書いてもらえないかと重ねた。

私はそのとき、狭いオフィスの床に座っていたことをよく覚えている。既製のソフトを販売するのに比べ、ソフトウェアを書き下ろすなんてものすごく長い時間がかかるぞ、と頭の中の声が囁いていた。診療報酬・保険請求システムの作成はこれまでのどのプロジェクトより大がかりなものになるだろう。完成には二年ぐらいかかるかもしれない、と顧客に告げた。二人とも、途中でデータ入力が可能なら待ってもいいと答えた。実を言えば、こんな大規模なプログラミングのプロジェクトには関わりたくなかった。けれども、私は人生の流れを尊重することに同意していた。人生が私に差し出した状況に身を委ねるという選択肢しかないと理解したとたん、心は穏やかになった。好き嫌いを手放してきた他のケースとまったく同じだった。私は一つ深呼吸をし、医療業務用の請求システムを作成することに全力を尽くすと二人の顧客に伝えた。

受話器を置いてすぐ、床に置いてあった標準の保険請求書を拾い上げた。保険請求の請求書がどんなものなのか手に入れていたものだ。この書式を埋める多用なデータを集積・保存するプログラムを、さてどのようにして組み立てようかと思案した。これが、その先ほぼ三〇年に及ぶ医療産業へのコンピュータ導入の旅の始まりになることなど知る由もなかった。

一九八〇年という昔に、パーソナライズド・プログラミング社はどうして医療界に照準を合わせることを思いついたのですか？ とよく尋ねられる。答えは簡単。私は、人生が自分の前にもたらしたものを誠心誠意こめてやる以外何もやっていない。とはいえ、このとき与えられた仕事の規模はそれまでのどんな仕事も超えるものだった。会議も、予算も、計画もなかった。ただ私がいただけ。早速私は、後に「メディカル・マネジャー」と呼ばれるようになるソフトのプログラムに取りかかった。これはアメリカ合衆国の医療事務管理産業に革命をもたらすことになる商品だった。普通の人には理解するのが難しいことは知っているが、私にとってプログラムを書くことは人と会話するのと同じだった。何をどう言えばいいか、考える必要はなかった。自分の思考が自然な流れとなって機械の中に入っていった。プログラムを書いているとき、頭の中の声は私が用いているコンピュータ言語で語った。英語で考えて変換しているのではなかった。私の基本的な考えは最初からコンピュータ言語でできていた。それゆえ私はコンピュータの前に座って、完璧に組み立てられたプログラムを書き起すことができたのだ。

以前取り上げたことのある、「直観はどこからくるのか」の話に戻ったようだ。

ベートーベンは音楽を聞き、それを書き写した。芸術家は創造的なビジョンを見、それを表現する。私は壮大なビジョンの中で「メディカル・マネジャー」の全貌を見たわけではない。それでも、毎日の絶え間ない直観の流れが、プログラムの向かう方向を正確に教えてくれた。

私は恐ろしいほどの情熱をもって書きまくった。まず患者の記録、そして請求する必要がある治療。すべてに全精力を費やして当たった。私は二人の顧客のためだけにプログラムを書いたのではない。宇宙への贈り物として、最高のプログラムを書いたのだ。直観の流れは途切れなく続いたので、少しの手抜きも許されなかった。こうした細部へのこだわりが、「メディカル・マネジャー」を、市場に出回っているほとんどすべての医療費請求システムの中でもっとも際立つものにした。要するに、どんなに長く時間がかかろうと、またビジネスの観点から見てどんなに不合理に見えようと、ほぼ完壁に近いものを求めたのだ。事実を言えば、これをビジネスにしようという目算など、そもそもなかった。町の何人かの医者にも多分売れるだろうと思ったが、広く流通させることなど一度も考えたことがなかった。出来事の展開が完壁だったので、プログラムの開発コストは自腹でまかなうことができた。「完璧」という言葉を軽々しく使っているつもりはない。

医療費の請求システムを書いている間に、寺院の敷地からちょうど一マイル下った森の中に、分譲地が造成された。ウィズラブ建設はその分譲地で、たくさんの注文住宅の契約を結んだ。仕事のためにどこにも行く必要はなかった。おまけにパーソナライズド・プログラミング社は既存の顧客を持っていた。それらの顧客のための小規模のプログラミングの仕事を手伝ってもらうために、パートで若い男性をひとり雇った。私が作成した古いプログラムで彼を訓練し、彼が書いたプログラムを見直し、テストを繰り返した。彼を訓練していると思っていたら、知らぬまに自分のほうがプログラマーの扱い方を訓練されていた。それは近い将来、私に必要になるスキルだった。その結果分かったのは、私が大勢の熟練したソフトウエアの開発者を管理する定めにあるということだった。

34章　初期のプログラマー

まともな人間なら、自分で医療費請求システムを書こうなどとは考えないだろう。しかし私はまともな人間ではなかった。そのプロジェクトを、人生の流れが私に与えた次の仕事として受け入れたのだ。それは私にとって、とても神聖なことだった。私のスピリチュアルな道は、「サレンダー・イクスペリメント」に焦点を当ててきた。内的なおしゃべりから距離を置くために私は依然として定期的に瞑想し、一瞬一瞬、無心になる訓練を続けていた。コンピュータの前に座ってプログラムを書くときはいつも深呼吸し、宇宙への贈り物として書いていることを思い出した。「私は宇宙空間を回転する小さな惑星の上に腰かけている。この仕事は私に与えられたものだ」と。誰かの助けが必要だとは、一度も思ったことがなかった。

プログラムがほぼ半分完成した頃、私の守護天使が、求めもしないのに実はとても必要なアシスタントを送り込んできた。私たちの人生には、運命的な瞬間というものがある。

一九八〇年の秋の日に起ったのは、まさにそんな瞬間だった。日曜日の朝、寺院のポーチの人混みをかき分けて歩いていると、ひとりの若い女性が近づいてきた。知らない女性だった。彼女は何か言ったが、静かな声なので雑踏にかき消され、ほとんど聞き取れなかった。彼女は自己紹介のつもりで、自分はフロリダ大学を卒業したばかりで、大学ではプログラミングのクラスをいくつか取ったと言った。私がプログラミングの仕事をしていることを聞き、最初は無給でもいいから一緒に働きたい、と言った。

私は確かに助けが必要だったが、具体的にどのように手伝ってもらえばいいか想像もつかなかった。私は心に浮かぶプログラムを直接コンピュータに書き込んでいた。他の誰かが入り込める余地はなかった。おまけに、その人物のことを何も知らなかったし、とても内気そうに見えた。幸運なことに、私は自分の思考に盲目的に従うのではなく、心の中を通過していくものを見つめる訓練を十分にしていた。私は一瞬動くのをやめ、深呼吸した。そして、彼女に対するネガティブな思いを心の抵抗とみなし、自分が置かれている現実を直視した。この人物は真摯に手伝いたいと申し出ている。私が助けを必要としているのは明らかだ。そこで彼女にこう告げた。私はひとりで働くことに慣れているので、確かな約束をすることはできない。けれどもできるだけ努力してみると。数日中に彼女と会い、給料を支払いたいので妥当な初任給を考えるよう告げた。たまたま出現したこの人物に隠されていた才能と能力のレベルは私の理解を超えていた。

　確かに最初のうち彼女は何かに脅えているようで、引っ込み思案だった。だがその後二〇年間、彼女は前進しつづけ、求められたことは何でも受け入れ見事にこなすようになった。また、寺院の日々の瞑想会にも出席するようになり、仕事を始めてすぐに寺院に引越してきた。このバーバラこそはパーソナライズド・プログラミング社の最初の正社員であり、会社と寺院のコミュニティ両方の大黒柱となった。あの日寺院のポーチで出会った内気な若い女性は聡明な頭脳と戦士の心を持っていた。

　バーバラが私のために働きはじめた頃、プログラムはほぼ半分出来上がっていた。実際のところ、私はそれまで一度も自分の考えを人に話したことはなかったので、自分以外の人間と一緒にシステム全体のビジョンを分かち合うのは非常に助けになった。私たちは素晴らしいチームを作った。バーバラが私のビジョンを理解し、それを完全に実行できるのは明らかだった。プログラマーの数が増えていくにつれ、そうした連携が欠かせなくなった。要するにバーバラは神からの贈り物だったのだ。彼女はまさに私が必要とするときに現われた。私が彼女を探したのではない。彼女のほうから現われたのだ。

　実を言うと、ラダのときも同じだった。初日から、彼女はすべての事業や寺院の会計と事務管理の責任を受け入れた。三〇年後の今も彼女は寺院に住み、経理の仕事をしている。ラダやバーバラは規律ある寺院のスピリチュアルなライフスタイルのために厳選され、しかも高度な技術を要求される仕事に見事に適合しているかのようだった。事業が拡大する過程で、私はそのようなことが繰り返し起るのを見た。宇宙と完璧なダンスを踊っているようだった。そのときは十分に理解していなかったが、サレンダー・イクスペリメントの結果を目撃すること自体が、何時間もかけてスピリチュアルな修行をするより、煩わしい自己感覚を取り除く上ではるかに役立っていた。これらの出来事を自分で引き起しているのではないことは十分承知していたが、目の前で展開する人生の完璧さを見ることを光栄だと思っていた。

翌年、数人の新たなプログラマーを雇った。ソフトの初版が完成する頃までに、四人がフルタイムで仕事をすることになった。主としてプログラミングを担当する助けがもっと必要だった。というのも、バーバラと私が作成しているデザインは最善の方法ではあったが、簡単ではなかった。たとえば私たちが書いたもっとも興味深い重要なプログラムの一つは、保険請求の書式を印刷するものだった。保険請求に必要なものについて検討するために顧客とすごした日々を思い出す。標準的な書式の埋め方一つ取り上げてもそこには微妙な違いがあり、それらをすべて理解するには頭脳明晰でなければならなかった。顧客たちは、そうした違いはさまざまな保険会社から支払いを受けるために欠かせないと主張した。

バーバラと私は、診療所自身が特定の保険会社のために、どのように書式を埋めるかを指定できる非常に洗練されたテンプレート（雛型）駆動式のシステムを開発することに成功した。私たちは診療所の保険請求のニーズに完全に応えるシステムの開発に専念した。それが、そのソフトが急速に受け入れられる要因の一つになった。「メディカル・マネジャー」は短期間のうちに、全米の保険会社を対象にするために必要な何百種類ものテンプレートを備えるようになった。

初版だったが、「メディカル・マネジャー」のレベルは相当高いものだった。私たちはベストを尽くし、できうるかぎりのことをやりつづけた。それまでの人生で、このプログラムほど緻密なレベルを要求されるものに関わったことはなかった。完成する頃には、磨き抜かれたダイヤモンドのようだった。私にとって、それは生き物だった。触れるたびに、とてつもない尊敬の念に打たれた。このプログラムを生み出した驚くべき人生の流れを見ていただきたい。それは独自の生命を持ち、私たちはそれに仕えるために、ただそこにいただけだったような気がする。

一九八二年の初頭。二年間に及ぶ集中的な開発の後、最初の二人の顧客のためにプログラムをインストールした。私たち以外の誰もそのような包括的なプログラムを書いたことがなかったので、インストールが終わった後、何が起るか予測がつかなかった。

私たちは最高のプログラムを書いて届けることに集中した。それが人生に与えられた仕事だったから。インストールした後、プログラムは独自に展開する運命にあった。それまでのあらゆるステップと同じように。

35章　売り出す準備

プログラムの飛躍的な進歩と共に、周りの人々、とくに、プログラムの開発に深く関わってくれたバーバラにとって嬉しい出来事が続いた。隣人のボブ・ティルチンが引越しを決め、寺院が彼の地所を買い取ったため、バーバラがその家に移り住むことになった。パーソナライズド・プログラミング社が寺院の土地に建てた新しい建物に五人の従業員を移転させた際、バーバラは、まっさらな新しいオフィスも手に入れた。彼女の貢献度を考えれば、当然のことだった。私もそれまでより少しましなオフィスを手に入れた。そうして私たちの運命を左右する重要な電話を受け取った。

私たちは「メディカル・マネジャー」の最初のインストールを終えたばかりだった。電話が鳴ったのは、私がプログラムのマニュアルを書き上げているときである。私たちが販売している会計ソフトの卸売業者、システムズ・プラス社からだった。私たちは彼らにとってはごく小さな販売業者なので、普通彼らは電話などかけてよこさない。数日前、私はその会社に電話をし、彼らが新たにリリースしたソフトの問題点を指摘し、それを報告していた。システムズ・プラス社の外交員はローレライと名乗り、問題があったことを丁寧に謝罪した。そして、小規模なビジネスソフトを扱うトップ企業を目指しているので、新たに発売するソフトを引きつづき取り扱っていただきたいと述べた。さらに、一般的な会計ソフトだけにとどまらず、現在は、不動産、法律、医療費請求のパッケージソフトを探していると言った。

医療費請求のパッケージという言葉を聞いて、私は驚いた。最初は、恥ずかしくて何も言えなかった。システムズ・プラス社はシリコンバレーの大きなコンピュータ会社であり、こちらは森に住み、独学でプログラミングを勉強しただけの男だ。確かにこの二年、医療費請求プログラムを書くことに時間を費やしてきたが、でき上がったプログラムは、数週間かけて一つの小さな医院に導入しただけだった。頭の中の声は、システムズ・プラス社が私のちっぽけなプログラムに興味を示すはずがないと断言したが、私は深呼吸をして、その瞬間に身を委ね、ちょうど医療費請求プログラムを書き終えたばかりだと彼女に告げた。彼女は何か言いかけて躊躇し、少し間を置いてから、「少しお待ちください。ちょうど上司が来たので、興味があるかどうか聞いてみます」と言った。私はこの状況をどう考えていいのか分からなかった。

ローレライが電話口に戻ってきて、上司は医療費請求に関するソフトならどんなものにでも興味があるそうです、と言った。彼女は、私が書き上げたばかりのマニュアルを添えてそのソフトを送るよう勧めた。

私は唖然とした。何が起ったのだろう？　ソフトの販売代理店を探そうなどと一度も考えたことがなかった。全米で一、二を争うビジネスソフトの卸売業者がフロリダのアラチュアの森の中に住む人間に電話をしてシステムを見せてくれと言っている。後で分かったのだが、ローレライが上司と言ったのは社長のリック・メーリッヒだった。たまたまちょうどそのとき彼女の机のそばを通りかかったらしい。私がなぜ人生の流れを尊重することを学んだのか、たぶんお分かりいただけるだろう。

全部まとめてシステムズ・プラスの本社に送るまで一、二週間かかった。パッケージの完成には超現実的な何かが働いていた。私は単に流れに従っていただけだった。いかなる期待や望みも、夢も抱いていなかった。何年もの間、私は着実に歩を進め、目の前に差し出されたものを全力でこなしてきた。私は本来コンピュータのプログラマーではなく、森の中に住むヨギだった。何年か前、六百ドルはたいて、小さなおもちゃのようなコンピュータを買いもて遊んでいたのだ。プログラムを書くのは時間がかかりすぎるので手を出すまいと考えていたが、行きがかり上、医療費請求プログラムを書くことになり、それに丸二年費やしてきた。こちらからは一本の電話もしなかったのに、カリフォルニアで成功を収めているコンピュータ会社の社長に、自分がプログラミングしたものを送ろうとしている。どうしてそのようなことが起るのだろう？　おとぎ話の中でも起りそうにないのに。

数週間後、システムズ・プラス社から電話があり、社長がアラチュアに来て、私に直接会いたがっていると知らせてきた。私が承諾すると、リック・メーリッヒはすぐやってきた。私のオフィスのソファーに座った彼は、私のソフトを販売したいと言った。そして私が書いたプログラムはこれまで見たうちで最高のものであり、市場に出して必ず売ってみせると断言した。彼の率直なものの言い方も、肯定的な称賛も心地良かった。すぐ彼と一緒に仕事をしたいと思った。

私の前に座っているこの男性は、私の生み出した子供を世に出すために、宇宙の力によって選ばれたのだ。私がそう考えたことが重要なのだ。バーバラがどこからともなく現われ私の完璧なパートナーになったように、この男性もどこからともなく現われ私のソフトを販売するために遣わされてきた、と告げているようなものだった。

私は他の販売店には接触しなかったし、他の選択肢も考えなかった。完璧な出来事の流れに身を委ねただけだ。リックと握手をして販売契約を結ぶことに決め、それからの数十年、一緒にとてつもない旅に巻き込まれていくことになるなど知る由もなかった。リックとシステムズ・プラス社が「メディカル・マネジャー」の最高の販売店になったとしても不思議はない。人生はふたたび魔法を働かせたのだ。

九月になると、来るべき一九八二年十一月に開催されるコンピュータ業界の展示会ＣＯＭＤＥＸで「メディカル・マネジャー」を売り出す予定だとシステムズ・プラス社が知らせてきた。毎年、ラスベガスで開かれるＣＯＭＤＥＸはアメリカ国内最大のコンピュータの見本市であり、世界でも二番目に大きいものだった。システムズ・プラス社は巨大なブースでこの商品を呼び物にする計画を立てた。そのため、販売契約書に署名することと、ソフトの完成版をカリフォルニアに送ることを求めてきた。

寺院はその年の一〇月一日に、ラム・ダスのために大がかりなリトリートを予定していた。まさにその日はシステムズ・プラス社に完成したソフトウェアを送らなければならない締切日だった。リトリートに出発する前にソフトを送れなかったので、ドライブをしている間それをラム・ダスの膝の上に置かせてもらった。途中、ラム・ダスが真面目な顔をして、「少しは役に立つのかい？」と私に尋ねた。「分からんね。まったく役に立たないかもしれないし、百万ドルの価値があるとみなされるかもしれない」と私は答えた。結局、私の予想はゼロが二、三個足りなかったことが後に判明する。

私は常にラム・ダスを尊敬していた。自分自身に正直なラム・ダスのオーラに触れて育った者はみんなそうだった。私が作成したソフトが世に出る直前に、ラム・ダスの膝の上に抱えられているという状況が信じられなかった。この先どうなっていくのか誰が知りえよう。私にだって分からない。私は他人に頼まれてこのプログラムを書いた。そして、それが初めから市場を牽引するソフトになるために必要なものを引き寄せるのを見た。その上、一流の販売会社を魔法のように引き寄せ、今、世界中でもっとも尊敬されているニューエイジのスピリチュアル教師の膝の上に載っている。このプログラムは独自の運命を持ち、私たちみんなを想像を絶する旅へと誘おうとしていた。

第6部

自然な成長の力

36章　ビジネス成功の基礎

ラスベガスの見本市での「メディカル・マネジャー」の発売は目を見張るものがあった。私はシステムズ・プラス社の仕事を視察し、会社の人々に会うために現地に飛んだ。それまで見本市のようなものには行ったことがなかった。私が長年森の中で暮らしていたのを思い出してほしい。システムズ・プラス社のブースには「メディカル・マネジャー」の旗が至るところにあった。数カ月前に生まれたばかりの自前のソフトが、新製品が並ぶＣＯＭＤＥＸのような大規模な見本市で注目の的になっていることが信じられなかった。システムズ・プラス社のブースは大型で、製品の展示の仕方も素晴らしかった。医療費請求ソフトの市場は熟しており、ブースには大きな関心が集まっていた。システムズ・プラス社の販売員による製品のデモンストレーションは実に巧みだった。「メディカル・マネジャー」は準備期間もなく、アラチュアの森からいきなりラスベガスに持ってこられ、スポットライトを浴びることになったのだ。

だが、見本市での評判に安住している暇はなかった。システムズ・プラス社はすぐに販売店と契約を取り交わし、製品を売り出した。すると、新製品をカスタマイズ（要望に添ってプログラムし直すこと）してくれという特別注文が殺到した。それぞれの専門分野が独自のソフトを求めていた。しかも、ほぼあらゆる業務のスタッフが、紙面と同じやり方でできるプログラムを欲しがった。発売して二カ月もたたないうちに、システムズ・プラス社は次のように知らせてきた。販売業者の要望によれば、製品を売りつづけるためには、私たちが書いた請求システムに加えて、予約管理システムやその他の業務管理システムが必要になるだろうと。

次々に舞い込んでくる要望にどう応えればいいのだろう？

私たちの中には、医療ソフトの設計を経験した者も、正式な訓練を受けた者もいなかった。だから、すべてを自力で解決しなければならなかった。その難局をどうにか乗り切れたのは瞑想経験のおかげである。瞑想経験は、私たちが心と呼ぶものに二つの異なる側面があることを教えてくれた。一つは思考によって動かされる論理的な心で、論理的な回答を引き出すために、すでに知っていることをつなぎ合わせて複雑な思考パターンを作り上げること。もう一つはインスピレーションによって突き動かされる直観的な心で、問題を見て、瞬時に独創的な解決策を見出すことができること。

後で分かったことだが、頭の中の声を鎮めるために長年やってきたスピリチュアルな実践が、ほとんど絶え間なくインスピレーションが湧き出る扉を開いていたのだ。心が鎮まればば鎮まるほど、インスピレーションが湧きやすいようだった。バーバラにも同様なことが言えた。なぜか彼女は、私が直観的に見出した解答にほぼ瞬時に波長を合わせ、それを論理的に解明するのを助ける能力を持っていた。「メディカル・マネジャー」もそうしたプロセスを通して考案された。私たちが長年この業界をリードしてきたのも、そうしたプロセスのたまものである。迅速にソフトウェアを設計できる私たちの能力は伝説にすらなった。

その間にも、製品への関心は驚くべき勢いで膨れ上がり、ほとんど追いつけなくなった。にっちもさっちもいかない感じだった。一九八三年春、私たちはゲインズビル・ヒルトンの小さなゲスト用のスイートを借り、「メディカル・マネジャー」の販売業者のための初めての年次セミナーを開催した。その部屋は十五人から二〇人程度の参加者を収容できる広さだった。しかし数年後には、二〇〇の客室、会議用施設、ダイニング・ルームを擁するホテルを丸ごと借り切っていた。一九九〇年代初頭までには、ゲインズビル・ヒルトンだけではまかないきれず、周辺ホテルの客室まで借りるようになった。最終的には、より大きな収容施設を求めて、開催地をオーランドに移すことを余儀なくされた。

拡大するパーソナライズド・プログラミング社を運営することを通して、私たちは精神的にかなり成長した。私の日常を織りなす仕事は、寺院の運営や週に三度の講話から数百人の販売業者に向けての医療業務管理についての講義にまで及んでいた。表向きのこうした変化にもかかわらず、私は伝統的な意味でのビジネスマンにはならなかった。人生の流れに身を委ね、人生が与えてくれるものを全身全霊でやるスピリチュアルな道を歩む人間でありつづけたのだ。一日二度の瞑想が、そうしたライフスタイルを続ける助けになった。

一九八五年は画期的な年だった。たった二年で、システムズ・プラス社は一〇〇を超える販売店と契約を交わし、私たちは平均で毎月一五〇件以上のインストールを行なった。保険請求のテンプレートは大成功を収め、全米のほぼすべての保険会社に保険請求ができるようになった。しかし息つく暇もなく、業界はとてつもない変革を遂げようとしていた。より多くの業務がコンピュータ化されるにつれて、突然、紙による請求業務を電子化することが可能になったのだ。そのメリットは莫大なものだと判明したため、業界全体でそれを推進することになった。私たちは紙による請求をうまく行なっていたが、健康管理業界全体がコンピュータ通信の時代に突入しつつあるという流れに乗るしかなかった。とはいえ、残念なことに当初は、その潮流に乗るための知識を私たちは持ち合わせていなかった。にもかかわらず、結局この新しい領域で、業界をリードするようになったのは、人生の流れが後押ししてくれたからとしか言いようがない。

電子請求のための初めての企画会議で、最善の方法は紙による請求のときにしたように、テンプレートを使うことだと私たちはすぐ悟った。けれども、既存のテンプレートのデザインでは、用を足せなかった。私たちが知るかぎり、まだ誰もそれを解決しようとした者はいなかった。私のプログラミング・チームは、そのようなテンプレートを作るのは多分不可能だろうと思っていた。どこから手をつけていいのかそれさえ分からないというのが大半の意見だった。というのも各保険会社がそれぞれに異なる請求ファイルを必要としていたからだ。

それでも、私は諦めたくはなかった。

同じ週、もう一つの人生の奇跡が起きた。日曜の瞑想会の後、ある男性が近寄ってきて、私のハート・チャクラを開かせたアムリットのヨガ・コミュニティに以前住んでいたことがあると自己紹介した。彼は、ここに落ち着けば、何らかの仕事にありつけるかどうか知りたいと言った。ラリー・ホロウィッツという名前を聞き、アムリットのところの何人かの人が、彼はとても聡明だと言ったのを思い出した。彼のバックグラウンドと能力を高く評価した私は、差し迫った問題に取り組むのにふたたび、ぴったりの人物を人生が送り込んできたのかもしれないと思った。ラリーは保険請求の経験はまったくなかったが、電子請求への革新的な取り組みに大きな関心を抱いたので、彼にやらせてみたほうがいいと考えた。ざっとプロジェクトを説明した後、彼に任せて、どんなことを思いつくか見てみることにした。

ラリーはひとりで全米の保険会社の二五〇冊に及ぶ仕様書を一冊一冊調べ、一つのプログラムで全米の保険会社を扱うテンプレートを用いるために必要なものを綿密に抽出した。私たちはラリーが抽出した変更点を一つ一つ実行に移していった。「メディカル・マネジャー」は他社製品をはるかにしのぐ、テクノロジーを備えた電子請求プログラムになっていた。反応は驚くべきものだった。ラリーはテンプレートの作成に追われるようになったので、彼のために新しい部門を作らなければならなかった。保険会社は仕様書を定期的に変えるようになった。二五年たった今も、ラリー・ホロウィッツは依然として会社の電子請求部門を担っている。このような人物が、まさに必要なときに、なぜ、どのようにして姿を現わしたのか未だに分からない。

「メディカル・マネジャー」は電子請求の業界を牽引した。ブルー・クロス・ブルー・シールドやメディケアの保険会社に直接請求できるようにしたことが、製品の成功を加速させた。一九八七年までには、五〇州すべてで電子請求ができる、全米で最初の医療業務管理システムになっていた。そして、二〇〇〇年には、医療産業をコンピュータ化した業績が認められ、スミソニアン研究所の永久記録保存所《アーカイブ》に収められた。何万という業務を電子処理に転換するために私たちが行なった膨大な仕事の情報が、未来の世代のために保存されてきた。私はこうしたことすべてを、もう一つの人生の奇跡とみなした。

37章　止まらない業界からの打診

パーソナライズド・プログラミング社は相も変わらず異例づくめだった。会社は森のど真ん中の、寺院の敷地に建つこぢんまりした建物の中にあった。ひとりとして洗練されたビジネスマンも、プロのプログラマーもいなかった。全員が仕事をしたいという情熱によって結ばれたアマチュア集団にすぎなかった。普通ビジネスで成功するには、しっかりした事業計画と豊富な予算が必要である。私たちの場合唯一の事業計画は、私たちを前進させてくれる力強い人生の波に乗ることだった。予算のようなものはなく、目の前に現われた助っ人になりそうな人を雇うことが唯一の経費だった。だが人生は、私たちを次の新しいレベルへと押し上げるのをやめようとしなかった。

私たちがどのようにして奇跡的な成長を遂げたか、それを示す例として、一九八〇年代の中頃にかかってきた何本かの思いがけない電話が上げられる。最初の電話は一九八五年の春のこと、エンパイア・ブルー・クロス・ブルー・シールド社の副社長と名乗る女性からのものだった。エンパイア社はニューヨークに拠点を置く、ブルー・クロス・ブルー・シールド保険会社の一つだった。医療業務を電子請求に転換する試みの一環として、彼らは医師に医療業務システムを売り込んでいた。彼ら自身独自のソフトを開発してはいたが、「メディカル・マネジャー」には勝てないと考えたようだ。彼女は自社のシステムを諦め、「メディカル・マネジャー」を自社ブランドとして売りたいと言った。光栄に思った。ブルー・クロス・ブルー・シールド社が私の製品をお抱えの医師たちに売り込んでくれるなんてありえない話だった。間髪を入れずニュー・ジャージーのブルー・クロス・ブルー・シールド社からも同様の要請があった。その後、南カリフォルニア、ジョージア、アリゾナ、ハワイ、ミシシッピー、コロラド、その他のブルー・クロス・ブルー・シールド社からも矢継ぎ早に連絡が入った。結局、それらの各社はそれぞれの州で「メディカル・マネジャー」をお抱えの医師たちに販売することになった。

私はこの出来事を、サレンダーすることのパワーを教える人生のレッスンとみなした。長年私は自分の個人的な好き嫌いをあえて手放し、人生が私に提示するものを全力を尽くしてやることに焦点を当ててきた。そして何の見返りも期待せず、ただ目の前で展開していくことを謙虚な気持ちで見つめていた。

一九八六年から八八年にかけて、パーソナライズド・プログラミング社はおよそ一ダースの従業員を抱えていた。ほとんどがプログラマーだった。小さな会社ではあったが、特許権の使用料だけでも年に数百万ドル稼いでいた。システムズ・プラス社は医療市場が莫大な潜在性を秘めていることを素早く見抜き、他のすべての製品販売を中止して、「メディカル・マネジャー」の販売だけに専念した。パーソナライズド・プログラミング社のトップとして、こうした大企業を相手に商売をするのが私の仕事となった。もちろんそんなに大がかりな仕事などそれまで経験したことはなかった。だが建築家やプログラマーになる実地訓練を人生が与えてくれたように、私が企業経営者になるための訓練をも人生はしてくれていた。とはいえ私はすでにあまりに多くのものを見すぎていたので、型にはまった経営者にはなれなかった。私はビジネスにおいても、人生の流れを究極のアドバイザーとして信頼しつづけていくつもりだった。人生の流れに乗ることで、必要なときに必要な人間が現われるのをたびたび見た。驚くことに、シンクロニシティと思える出来事が次々に起りつづけた。わが社の弁護士であるリック・カールさえ、ヨガと瞑想にのめりこむようになった。寺院の運営だけではなくビジネスにおいても、人生は私の周りをスピリチュアル指向の人間で固めているかのようだった。

シンクロニシティがどのようにして起ったかを示す例として、連続して起ったある出来事の流れを紹介しよう。「メディカル・マネジャー」の開発チームに会いたがっている実験器具の代表者を接待してくれと、システムズ・プラス社から依頼が来たのが始まりだった。システムズ・プラス社が客をアラチュアの森に送り込んでくるのはまれなことだった。システムズ・プラス社のスタッフは私に背広を着、編み上げ靴を履くよう、また、全員にプロにふさわしいふるまいをするよう懇願した。訪問者の名前はポール・ドビンス。上級技術アナリストや製品マネジャーなど豊かな経歴を持つ人物だった。私は身なりのきちんとした弁護士のリック・カールをゲインズビル空港まで迎えに行かせた。リックは戻ってくると、にやにやしながら私のオフィスに入ってきた。その後から大切な客人が入ってきた。私が最初に気づいたのは、彼が上腕部に特殊な宝石を巻きつけていることだった。それはヨガナンダがかつて身に着けていた特別な腕輪に良く似ていた。後で分かったのだが、まさにその腕輪だった。ポール・ドビンスはヨガナンダの弟子で、彼の教えを受け、何年もクリヤ・ヨガをやっていた。

私がショックを受けたのは間違いないが、彼がどう感じたかを想像してもらいたい。国中でいちばんの医療業務管理システムを書いた会社の社長に会うために、彼はセントルイスから飛んできた。そして社長室に入るなり、至るところに貼られたヨガナンダの写真を見たのである。しばらくの間私たちは言葉を交わさなかった。ポールはソファーに座り、感動に浸っていた。部屋には、偉大な師であるヨガナンダのエネルギーが満ち溢れていた。私は目を開けていることができなかった。ポールは明らかに圧倒されていた。沈黙を破ったのは私だった。「寺院をご案内しましょうか?」。私たちは並木道を通って未舗装の道に出、偉大なマスターたちの写真で飾られた聖なる場所に入っていった。それはポールにとってふだんの出張とは違っていた。

ポールは訪問日程を延ばし、敷地に建つ一〇フィート×一〇フィートの小さなゲストルームに滞在した。日曜日が来ても出発しようとしなかった。ポールはそれまで独自に瞑想をやっていたが、周りにヨガに関心のある人はあまりいなかったらしい。彼は寺院で行なわれていることやゲインズビルのスピリチュアルな共同体の力強さに心を打たれたようだった。日曜日の瞑想の後、彼は私のところにやってきて、「ここに留まって、何かお手伝いをしたいんだけど?」と言った。ポールはここに所属すべき人間であり、心底この共同体の一員になりたがっていると正直思った。だが、彼をここに送りこんできた会社を辞めることについては、しっくりいかないものを感じていた。それゆえ、少し待って様子をうかがおうと告げた。

数カ月して、ポールから電話があった。慌てているようだった。「会社が突然売りに出され、上司や他の従業員たちが逃げ出している」と彼は言った。ポールは辞表を出したものの、何らかの形で「メディカル・マネジャー」を販売する仕事を続けたいとのことだった。その出来事のメッセージは明白だった。ポールに仕事を依頼する時が来たのだ。

ポールは一週間もたたないうちに多少の持ち物を持ってやってきた。住む場所が見つかるまで、前と同じゲストルームにいてもらうことにした。五年たってもその小さな家に住みつづけていた。所帯道具をどうしたのかは分からないが、彼は寺院での朝晩の瞑想にはきちんとやってきた。

ポールはもっとも必要なちょうどそのときに現われ、会社に多大な貢献をした。彼がチームに加わってすぐ、大手の国立の研究所から連絡が来た。彼らはみんな「メディカル・マネジャー」を自分の研究所に接続することを希望した。ポールはその分野のエキスパートだった。そのおかげで、私たちのプログラムは大手の研究所と電子的につながる最初の業務管理システムの一つとなった。ポールが加わらなかったら成功できなかっただろう。彼が私たちのところにやってきた経緯を思い返すと、宇宙からの贈り物としか思えない。二〇年後の今も、ポールは会社のために働き、今日まで寺院の敷地に隣接する家に妻と家族と共に暮らしている。どうやら物事は、そうなるべく運命づけられていたらしい。

38章　成長しつづける寺院

私たちのソフトウェア会社がどんどん大きくなるにつれ、朝の瞑想が新しい意味を持つようになった。瞑想とヨガは私の内的な旅にとって欠かせないだけではなく、正気を保つためにも欠かせなくなった。大勢の人の生計を支える組織を経営するには、実に多くのことが要求される。心の平静を保ち、物事を正しくとらえるためには時間が必要なのだ。

冬の日の朝、瞑想を終えて寺院から出ると、野原一面が霧に包まれていることが多い。オーク、マツ、ヒッコリーなどの大木に三方を囲まれた野原は、美しいなだらかな牧草地となって北側に広がり、両側に木が立ち並ぶ小川のほうへと下っている。静かな心でそこに立っているだけで、この世の天国にいる心地がする。

一九八八年の十二月初旬のある霧の朝はいつもと違っていた。寺院の静けさから出て、森の中の野原のほうへと歩いていくと、大きな機械の轟音が北方から聞こえてきた。驚いたことに、隣接するなだらかな野原に巨大なブルドーザーと開墾用の機械が見えた。一体何ごとかと牧草地に隣接する私の最初の家まで丘を登った。すると何人かの作業員が動き回っていた。何をしているのか尋ねると、私たちの隣人の土地に生えているすべての木の伐採権を買い取ったのだと彼らは言った。北側の隣接地は千エーカーちょっとの農場で、ウィルバーとジュリエットという名のカップルが所有していた。素晴しい人たちで、彼らの家は寺院からもっとも離れた側に建っていた。彼らはずっと前からそこに住んでその土地を大切にしていたので、不審に思った私は彼らに電話をしてみた。やっとのことでウィルバーにつながると、残っている天然林を伐採し、ウッドデッキなどに使われる耐久性の高いスラッシュパインというマツを植えるつもりだと彼は説明した。そうすることで、換金作物を植えることができるようになるからだ。私はそのことについて話がしたいと告げ、会うまで、うちの敷地に臨接する土地の木々の伐採を延期してくれないかと頼んだ。彼は返事をためらったが、現場監督に電話をしてみると言った。実を言うと、ウィルバーに会って何と言えばいいか分からなかった。だが、その土地の美しい森を護るために自分にできることをする義務がある、と私は強く感じた。ウィルバーのところへ車で向かう途中、私は人生がどこに導いてくれるかを見きわめられるよう心を開いたまま目の前の経験を受け入れる決心をした。今、振り返ってみると、人生に身を委ねることを通して、私は静かな心と開かれたハートを持って、人生のダンスに加わる喜びを教えてもらった。そのことに深く感謝している。

ウィルバーの家に着くと、私は自分の土地と小川の間に横たわる三五エーカーの土地を譲ってもらえないかと持ちかけた。だがウィルバーには売る気がないようだった。美しい森を失くすのは忍びない、保存すべきだと私は訴えた。美しいということに彼は同意したものの、農場経営の一環として、自分の所有地全域にスラッシュパインを植えるという決心をひるがえそうとしなかった。そこで、マツがもたらす利益以上の価格でその土地をリースしたいと申し出た。ウィルバーは抜け目のないビジネスマンなので、私の申し出には関心を寄せた。どんな作物にもリスクはあるが、支払い保証の長期の借地契約にはリスクがなかった。ウィルバーが示した価格は、普通、未耕地を借りる農夫が支払う額よりもはるかに高かった。それでも、美しい土地の木々や牧草地を護れるなら、支払う価値があると思った。結局、私たちの土地の北側に位置するその土地——私がかつてエリュシオン（ホメロスが描いた死後の楽園）と呼んでいたところ——を保護し、活用することを許可する長期借地契約をウィルバーと交わした。

この経験は「サレンダー・イクスペリメント」で学んできたことを、さらに強固にした。最初ひどい災難のように思えたものが、結局、肯定的な結果に終わったのだ。目下の暴風に対処できれば、最終的にはその凪が素晴らしい贈り物を運んでくるのを私はたびたび見てきた。私はそうした嵐を変容の前兆とみなしていた。たぶん変化というものは、日常生活の惰性を打ち破る十分な理由があるときにだけ起るのだろう。

試練にさらされる状況は、変化をもたらすための必要な力を生み出す。問題は、私たちが、変化をもたらすためにかき立てられたエネルギーのすべてを、変化に逆らうために使うことにある。私はヒューヒュー鳴る強風のど真ん中に静かに座り、どのような建設的行為が自分に求められているかが見えてくるまで待つことを学んだ。土地に関する話がそれで終わりであったとしても、私はそれを宇宙からの贈り物とみなすだろう。ところが終わりではなかった。借地契約を結んでからちょうど一週間後、私たちの共同体に接する他の土地が売りに出されたのだ。驚くことにその土地を手に入れれば、私たちの敷地の北側全体が先日借りた土地に覆われることになり、すべての土地がつながってしまう。

あまりに出来すぎの展開に、私は息を呑んだ。私は人生の流れとゲームをしていた。人生が駒を動かすたびに、騒々しい心の一部が剥がれ落ちた。すべて私には想像すらできない形で、ひとりでに展開していた。私はかねてから、もし隣接する土地が売りに出され、そのときにその土地を買えるだけの現金があれば買う、と宣言していた。寺院の土地は今や、借地も含めると八五エーカーにも達していた。ほどなくして分かるようになるが、この借地は、人生が私たちに用意してくれていたものの中で途方もなく大きな役割を果たすべく運命づけられていたのだ。

奇跡的な出来事が起ったのは、寺院の土地やビジネスの華々しい成功に関することだけではなかった。起りそうもない些細な出来事が日常的に起り、合理的精神を少しずつ浸食していた。八〇年代の末、ボストンに出張した折り、奇跡的な出来事の一つが起った。当時、「メディカル・マネジャー」を自社ブランドとするブルー・クロス・ブルー・シールド社はたくさんあったが、マサチューセッツ州のブルー・クロス・ブルー・シールド社から会議に出席してもらえないかという要請があった。午後遅くボストンに着いた私は腹ペコだった。午前中忙しく走り回っていたので、何も口にしていなかった。旅行中はジャンクフードを食べるのをやめてホテルにチェックインした後、素敵なベジタリアン・レストランを見つけようと思った。私はボストンについては何も知らなかったが、レンタカーを借りていた。ボストンで車に乗ってレストランを探すことがどんなに大変なことか、そのときはまだ知らなかった。

ホテルの接客係が勧めてくれたレストランを探そうとしたが道に迷ってしまい、見つけられなかった。一時間近く車を乗り回した後、ハーバード・スクウェアに行き着いた。ベジタリアン・レストランを求めて、そのエリアをドライブして回ったが、見つけることができなかった。ボストンは大都会なので、最高級のベジタリアン・フードにありつけると期待していた。今なら、玄米と野菜だけでも幸せになれるだろう。私は車で回るのをやめて、ホテルでルームサービスを頼むことにした。帰り道が分かればの話だが。どうしたものかふたたび道に迷い、ハーバード・スクウェアに戻ってしまった。おそらく宇宙は何かを私に伝えようとしているのだろうと思い、車を停めて外に出た。

今度は小さな店でもいいから、ベジタリアンが食べられるものを提供してくれるところがないかどうかを注意深く探した。するとビルとビルの間に何本かの狭い路地が走っているのに気がついた。車は通れないが、道の両側に店が並んでいた。一本の路地に入ると、なんと一五メートルほど行ったところに黒板があり、「今日のスペシャル・玄米と新鮮な野菜」と書いてあるではないか。私は安堵と感謝の気持ちで頭を垂れたが、まだ何も見ていないことにすぐ気づいた。

黒板の矢印は小さなレストランへと降りていく狭い階段を指していた。中の雰囲気は申し分なかった。注文をした。人生が与えてくれた素晴らしい食事を楽しみながら、私は深い安らぎに包まれた。一つ気になることがあった。レストランに入ったときから、レジのカウンターの背後にいる男が私を見つめているのだ。不快感を覚えた。私が食べ終わると、ウェイターではなくその男が勘定書を持ってきた。私が財布に手を伸ばすと、男が尋ねた。「ひょっとして、あなたはミッキー・シンガーさんではありませんか?」

自分をこのレストランにつれてきた予測もしない出来事の連なりが脳裏をかすめ、私は茫然とした。一体これは何ごとだ？　その人物を知らなかった。そうだと答えると、彼は急に打ち解け、あなたは覚えていないかもしれないけど私は覚えています、と言った。十六年以上も前の一九七二年、彼はゲインズビルをヒッチハイクで旅をしていた。たまたま私が通りかかりフォルクスワーゲンのバンに乗せてくれたというのだ。当時、人生がうまくいかなくて苦しんでいた彼は私の車のダッシュボードに貼ってあったヨガナンダの写真に目を留め、なぜ貼ってあるのか尋ねた。私はヨガに関心があり、偉大なヨギの教えを学んでいるところだと説明した。その後、アトランタに行った彼は、本屋の前を通りかかった際、ヨガナンダの写真が正面のウィンドウに飾ってあるのを見つけた。彼はその店へ入り、私が勧めた『あるヨギの自叙伝』を買った。どうやらその本が彼の人生を変えたようだ。彼はワールド・ツアー中のババと会い、今はボストンのヨガ・センターに住んでいた。彼は、私がババに会ったかどうか気にしていたが、あるときディズニー・ワールドで二人が一緒にいる写真を見て、とても嬉しかったと言った。彼は自らの覚醒に、私が重要な役割を果たしたと思っていた。それゆえ、いつか私に会い、お礼を述べたいと願っていたのだ。その願いが奇跡的に叶えられた今、彼は目に涙を浮かべながら私の前に立ち、深々と頭を下げた。「ありがとうございます」。それから彼は踵を返し、歩み去った。

車に戻る途中、信じられない出来事に私を招き入れたあの黒板のほうを振り返って見た。そして、レストランに入る前に、何が起ろうとしているか自分には分かっていると考えたことを思い出した。興味深い出来事の流れが玄米と野菜があるところにつれてきてくれたのだ。だが、分かっていると考えたのは間違いだった。

起ったのは私が考えた以上のことだった。人生が運んでくるものは常に人知を超えている。私は、自分を明け渡す術を学ぶことに人生を捧げる決心をしたことを嬉しく思った。これからどうなっていくのか分からなかったし、それを知りたいとさえ思わない地点にいた。私が望むのは、人生の流れの完璧さを邪魔するのをやめることだけだった。どうやらボストンへの出張も、奇跡の導きだったらしい。

第7部

暗黒の雲が虹になるとき

39章　頻発するシンクロニシティ

おうし座の私は腰を落ちつけて仕事をするのが好きで、常に変化を求めるタイプではなかった。安定した生活の繰り返しの中で、ゆるやかな成長を維持するのを私は楽しんだ。ビジネスも寺院も、自然な段階を経て発展していた。しかしいずれ安定期を迎えるだろうと思っていた。

一九九〇年代の初頭まで、私たちは急成長を遂げていると確かに感じた。パーソナライズド・プログラミング社は順風満帆だった。従業員は二〇人に達し、純利益は年間二、三百万ドルに達していた。それでも自分のライフスタイルを変えなかった。お金は、寺院への寄付を増やすこと、それにさまざまな慈善事業をサポートすることに使っていた。当時、私の家にはバーブが住んでいた。私は寺院が夕食のために使う建物内にある小さなゲストルームで寝泊まりしていた。この建物には、湿地帯を横切ってパーソナライズド・プログラミング社のオフィスにつながる長い板張りの遊歩道が付いていた。その遊歩道が私の通勤路だった。

寺院に住んでいる者は全員よく働き、朝晩の瞑想会に欠かさず参加していた。ゲインズビルの住民は月曜と木曜の夜に行なう私の講話を聞くために定期的に顔を出していた。また日曜日の朝にはいつも大勢の人々が寺院にやってきた。順調に事が運び、驚異的な成長期は終わったと思った。それは間違っていたようだ。

次の成長の波を理解するためには、当時、私の内部で進行していたことを理解する必要があった。それまで「サレンダー・イクスペリメント」によって展開してきたすべての出来事は、個人的な好みによって生み出される内的な雑音を手放せば手放すほど、私の周囲で微細なシンクロニシティが起ることを示した。それらの思いがけない「偶然の一致」は、人生が向かう方向に私をそっと促すメッセージのように思えた。私は自分の好き嫌いによって生み出される粗野な精神的、感情的な反応には耳を貸さず、微細なメッセージに耳を傾けた。それが日常生活において「自分を明け渡す」訓練のやり方だった。私がなぜこうした話をするかといえば、人生という旅の完璧さを読者と分かち合いたいからである。

寺院の土地を例にとってみると、すでに述べたように、私たちは広い土地を所有することにまったく興味がなかった。にもかかわらず時を経るに従って、寺院は広大な土地を所有するようになった。偶然が重なって土地を買い増すことになるたびに、魔法の手に捕らわれているような気がした。一九九〇年の一〇月、近隣で売りに出された土地について電話を受けたときもそうだった。不動産屋によると、それは森と原野からなる八五エーカーの土地で、アラチュア郡でもっとも美しい土地の一つとみなされていた。私はその土地に関心がない旨を伝えた。寺院の所有地に接する土地にしか興味がなかったからだ。不動産業者はとにかく一度見てくれと食い下がった。業者の情熱にほだされて見に行くと、驚いたことに、その美しい土地が寺院のリースした土地に直接接していることを発見した。まさに魔法にかけられたようだった。私はいささかも努力していなかった。その土地がひとりでに落ち着くところに落ち着いたのだ。

私はその土地を宇宙からの贈り物とみなした。まったく予期せぬ形で向こうから転がり込んできたのだ。周辺の土地がまるでジグソーパズルのように次々に組み合わされていくのを見て、私は言葉を失った。プロゴルファーのトム・ジェンキンスから引越すことになったという電話がかかってきたのは、それからたった三カ月後のことだった。彼の土地が私たちの新たに買い求めた土地に囲まれていることが分かった。ということは寺院が一七〇エーカー（約二〇万坪）ものまとまった土地を所有することになることを意味していた。最初からこの広さの土地が一つの区画として売り出されていたら、とても手が出なかった。まるで私たちが買えるようになるまで待ってくれていたようだった。驚くべき展開としか言いようがなかった。だがそれで終わりではなかった。

ジェンキンスの土地の件を片付けた後、ラダがその家に引越した。当時彼女は、住んでいるキッチン用の部屋よりもっといい場所に住むべきだと私に言った。その部屋はとても狭く、昼夜を問わずみんなが母屋に出入りするため、ほとんどプライバシーがなかった。私は今のままで大丈夫だと言い、人生の流れが次に何を運んでくるかを見てみたいのだと告げた。すると彼女は、人生の流れが豊かな土地と十分なお金を与えてくれたでしょうと反論した。そして、「ある日、宇宙があなたに電話をしてきて、家を建てるように言うのを期待でもしているの？」と言った。「もし自分が家を持つ定めにあるなら、そのことをはっきりさせる何かが起るはずだよ。それまでは、今のままでいいんだ」と私は答えた。

隣人のひとりが自分の家を売りに出すつもりだと電話で知らせてきたのはそれから二週間後のことだった。彼の土地と私が最初に買った一〇エーカーの土地の間に横たわる区画は寺院が数年前にすでに買っていた。つまり売りに出された土地は、寺院の敷地と直接接していた。ほんの数週間前にラダと交わした会話のことがあったので、隣人の話に真剣に耳をそばだてた。彼は何年もかけて特別な家を建てたので、ぜひ見てもらいたいと言った。私は冷静を装っていたものの、何かが起りそうな予感がして背筋がゾクゾクした。ラダに電話をして一緒に見に行ってもらいたいと告げた。もちろんそれが宇宙からの呼びかけであることが判明するかもしれないからだ。

長い曲がりくねったドライブウェイに車を停めると、奥のほうに美しいシャレー風の家が佇んでいた。この家には何か特別なものがある、というのが最初の印象だった。隣人が船大工であることが分かった。高価なヨットを建造するときのように、十二年という歳月をかけ、手仕事でその家を作ったのだ。それほど大きな家ではなかった。五〇坪ぐらいだろうか。手入れが行き届いた公園のような一二エーカーの土地に建っていた。中を見ると、自分ではとてもこんな設計はできないと思った。どの部分にも、独特の味わいがあった。とくにキッチンの上にある三階の小さな部屋には別世界のような趣《おもむき》があった。急勾配の階段を上っていくと、樹上の家にでも登っていくような感じがした。私が見出したのは、想像を絶するほどの完璧な瞑想空間だった。広さ一〇フィート×一二フィートの部屋で、隅から隅まで、腕のいい職人が手細工で装飾をほどこしてあった。四方の壁にはアンティークの鉛枠のガラス窓が配されていた。何世紀も前ボストンにあった提督の家が取り壊される際、取っておかれたものだ。あまりにも見事なので、その部屋に立っているだけで一八世紀の世界につれ戻されるような感じがした。それでも足りないとばかりに、見上げると、頭上が丸天井になっていることに気づいた。射しこんでくる光は部屋の中央で最大になるよう工夫されており、まるでピラミッドの内部に立っているように感じた。この上なく優雅で洗練された空間だったので、そこにいるだけで心が鎮まった。

神様がある日、電話をかけてきて、「ミッキー、君の家の用意ができたよ」と言った。

言うまでもなくその家を購入し、以来ずっと住んでいる。あちこちの土地をこのようにしてつなげていく魔法は、この最後の買い物によってますます力を増した。隣人は自分の地所に入るのにいつも正面のドライブウェイを使っていた。土地の後ろ側を調べてみると、その土地がウィルバーから借りた野原に直接接していることが分かった。後ろの樹木を切り開けば、寺院の敷地から出ることなく、寺院まで車で行くことも、歩いて行くこともできる。驚いたことに、この一つの区画が過去二〇年かけて購入したすべての土地をつなぎ、継ぎ目のない一ブロックにしてしまったのだ。誰もそれを計画したわけではない。ただ、そのようになったのだ。身の周りで頻発するシンクロニシティに、私はとても謙虚な気持ちにさせられた。

私は新しい家に、すでにある寺院の遊歩道につなぐ板張りの遊歩道を作った。それが私の新しい通勤路になった。ほどなくして、宇宙寺院の誕生を予言したマタジが訪ねてきたので、家を案内した。彼女は静かな声で言った。「それで、神様がある日、あなたに電話をかけてきて、〝ミッキー、君の家の用意ができたよ〟と言ったのね」。その言葉はみごとに当たっていると思う。

40章　新しいオフィスビルの建設

一九九一年の春、私は新しい家に落ち着いた。夢の中で暮らしているようだった。家族、ビジネス、寺院の共同体など、身の周りのすべてに満足していた。いささか出来すぎの感があった。何一つ自分から求めたわけではなかった。人生の流れが創り出す人生を生きていただけだ。

今、振り返ってみると、次の変化の時期を知らせる風が初めて私の顔を撫でていったのはこの頃だった。当時は気づかなかったが、少なくとも何が起ってもそれを受け入れるつもりでいた。起きていることを正しく理解しているかどうか、それはさして重要ではないことを再三学んでいた。今の瞬間に身を任せ、人生の流れを信頼していれば、それで十分だった。その後に起った一連の出来事はまさに奇跡的なものだったので、利己的な心から永久に自らを解き放つ力を発揮した。

話を始める前に告白しておきたいことがある。私は未来を予言できない。宿命づけられていたパーソナライズド・プログラミング社の成長についていくためには、その頃の二五人の従業員を二倍ないし三倍にしても足りず、三百人以上に増やす必要があることなどどうして知りえよう？　さらに、現在の四千三〇〇平方フィート（約一二〇坪）の建物をゆくゆく一万四千五〇〇平方フィート（約四〇七坪）に増築しなければならなくなることなど想像すらできなかった。九〇年代の初めに、もし誰かがそのようなことを私に吹き込んだら、頭がおかしいとみなしただろう！　だがそのような成長を遂げるには、何かしらの計画があってしかるべきだろう。どうやら計画はあったようだが、私が立案したものではないのは確かだった。

人生の完璧さがどのようにして未来の成長に備えさせてくれたか、その驚くべき物語はある金曜日の午後、用途地域の調査官がひょっこりオフィスに顔を出したときから始まった。森の中に会社があるのを見て、調査官は驚いた様子だった。彼の上司である郡の用途地域規制局の局長にすぐ電話するよう私に言った。不吉な予感がした。

私はウィズラブ建設の仕事の関係で、郡の用途地域規制局の局長を知っていた。電話をすると、局長は簡単なあいさつをし、私の会社は人の出入りが頻繁ではないけれど商業用途地域には属していない、と説明した。彼と一緒に、用途地域を変更してもらうことや、特別な例外許可を得ることを含め可能な解決策を探ったが、すべて無駄骨に終わった。彼は、州には土地使用計画というものがあり、たとえ私の父がアメリカ合衆国大統領であったとしても、あるいは百万ドルの札束を積んだとしても、現在の敷地の一部を商業用途地域にすることはできない、とルールの厳しさを強調した。商業活動を停止させられたら大きなトラブルに見舞われることに気づいた私は頭を切り替え、ダメージを最小限に抑える方策を考えることにした。そこで、彼の立場を理解していると告げ、どうしたらいいかを尋ねた。すると、近くのハイウェイを下ったところにある土地を探したほうがいい、そのあたりが私たちの土地にもっとも近い商業用途地域だからと言われた。

何年もかかって有機的に融合し一体化したこの小さな地上の天国が変わろうとしていた。それを思うと、気が滅入った。近くのハイウェイまで最短でも三マイルはある。商業活動ができる土地までの距離はそれよりずっと遠くなるだろう。私は一つ深呼吸をして顔を上げ、「なんとかやってみます」と調査官に言い、土地を見つけて移転するのにそれ相応の時間が欲しいと要求した。彼は法令を守っているかどうかをまた調べにくると言うだけで、他に何も約束しなかった。

受話器を置くとすぐ、法的なアドバイスをしてもらうために弁護士のリック・カールのオフィスに出向いた。農業用途地域のど真ん中で、小規模ながらも商業活動をするための特例措置を受ける資格が私たちにないことを、リックも認めた。そこで不動産屋に電話をし、商業活動ができる最寄りの土地を探した。もちろん、私は事業を寺院から移したくなかったが、「サレンダー・イクスペリメント」を続行するには、心を開いたまま、人生の出来事の流れが私をどこに導こうとしているかを見届けなければならなかった。数カ月がすぎたが、適当な物件は現われなかった。時の経過と共に、郡が私たちの事業を停止させるリスクが高まった。私は人生の次の動きを忍耐強く待っていた。

その年の九月、人生が動き出した。一年前、およそ八五エーカーの美しい土地を売ってくれた人物から電話がかかってきたのだ。隣接する五〇エーカーの土地を売りたいとのことだった。それは郡の舗装道路まで達していた。寺院の敷地と一体をなす土地だったので、思い切って買った。その買い物が法で定められた商業用途地域を探すのと関わるようになることを、そのときはまだ知らなかった。目の前に差し出されたものに対応しただけだった。

数カ月後、もう一つ土地に関する出来事が起った。購入したばかりの五〇エーカーの土地から通りを隔てたところに、誰かが一八五エーカーの建設廃棄物処理場を作ろうとしているようだった。詳しく調べた結果、それが本当だと分かり、みんなショックを受けた。その土地は何年も前にアラチュア市に併合されており、郡の用途地域の規制下には入っていなかった。著名な市の委員がもともと所有していて、最近、建設廃棄物処理場の建設用地として売却したとのことだった。計画によれば、この先二〇年間、百台もの大型ダンプトラックが週に七日も私たちの道路を行き来し、私たちの土地の隣に廃棄物を捨てることになっていた。なんたる人生の流れだろう！　ゴミ捨て場ではなく、緑の牧草地になると思っていたのに！

近隣は大騒ぎだった。寺院はその地域で最大の土地所有者だったので、どうすべきかを人々が私たちに尋ねるようになった。調べてみると、その土地を廃棄物処理場として使うことを市の委員たちが選択すれば、特別な使用許可を与える権限をアラチュア市が持っているらしかった。私たちは新しいオフィスの土地を探すのを一旦中断することになっても、その問題に集中するしかなかった。私たちにできる最善の行動は、市には包括的な廃棄物管理計画がないため、ゴミ捨て場を自分の家の隣にある空き地を含めどこに作ってもいい、とアラチュア市民に知らせる手紙を書くことだった。その目的は、状況に応じて任意に特別許可証を発行するのではなく、包括的な廃棄物管理計画案を市の委員会で通過させるよう働きかけることだった。

信じようが信じまいが、それは実際に功を奏した。委員会が開かれた晩、市のホールは立ち見の聴衆でぎゅうぎゅう詰めになった。会議を始める前、市長が立ち上がり、包括的な廃棄物管理計画案を通過させるまでは、特別使用許可についての票決を行なうつもりがないので心配しないでもらいたい、と全員に向かって告げた。委員会は市民の情報に感謝し、できるかぎり迅速に計画案の実現に取り組むと約束した。

ゴミ処理場にまつわる私たちの勝利が、実際にはパーソナライズド・プログラミング社の用途地域の問題を解決する人生の奇跡の手であったことを、私たちは知らなかった。数日後、廃棄物処理場の許可が下りなかったという理由で一八五エーカーの土地が手ごろな値段で突然売りに出された、という電話をもらった。その土地はアラチュア市内にあるので、商用地区として使うことが可能だと告げられた。リックがオフィスに入ってきて、不動産屋と交わした会話について話したときの顔を、私は決して忘れないだろう。

信じがたいことが起ったのだ。

人生の流れは、寺院の敷地に接する場所に廃棄物処理場を作ることを許さず、そこを私たちのビジネスができる場所として活用できるよう手筈を整えてくれたのだ。リックと私はしばらく沈黙したまま座っていた。何かに護られているという感情と強烈な畏敬の念に圧倒され、話すことはもちろん、身動きすることさえできなかった。

パーソナライズド・プログラミング社は寺院に隣接する土地に合法的な商業用途地域を手に入れた。新しいオフィスビルを建てる時がきたのだ。手に入れた土地は広大だったので、新しいオフィスビルの規模については計画を練り直すことになった。将来、建て直さなくても済むように、大きなスケールで考える必要があった。その結果、一万四千五〇〇平方フィ

パーソナライズド・プログラミング社。1993年。寺院に隣接する土地に建てられた豪華なオフィス・ビル。

パーソナライズド・プログラミング社が発展してできたメディカル・マネージャー・コーポレーションの五つのビルからなる研究施設。

ート（約四〇七坪）の美しいオフィスビルを設計した。成功した会社にふさわしい建物だった。工事を担当したのはウィズラブ建設だったが、ウィズラブ建設はその数年前に大工の親方に売却し、すでに他人名義の会社になっていた。

一九九三年六月、パーソナライズド・プログラミング社の二五人の従業員は新しいビルに引越した。四千三〇〇平方フィート（約一二〇坪）のオフィスから一万四千五〇〇平方フィート（約四〇七坪）のオフィスに引越したのだ。少なくともまた建て直す必要はないだろうと思っていた。驚くべきことに、当ては外れた。翌年会社の規模が二倍になり、別のビルの建設を計画しなければならなかった。二番目のビルは最初のものより大きく、二つのビルは屋根つきの遊歩道で結ばれた。こうした想定外の拡大に対応できる土地を人生が与えてくれたことに感謝した。最終的に五棟のビルを建てることになり、八万五千平方フィート（約二三八八坪）ものハイテク装備のオフィス空間を持つようになった。

今でも、必要なものを必要なときに与えてくれた見事な人生の流れに、私は畏敬の念を感じている。

41章　未来への基礎づくり

パーソナライズド・プログラミング社の成長は驚くほどだった。それに伴ってさまざまな問題が持ち上がった。一〇人から二〇人程度の人間を管理するのと、五五人の人間を管理するのとではまったく異なる。人数が増えると、人を管理するためだけに管理者を雇わなければならなくなる。私は中間管理層をできるだけ作りたくなかった。それゆえ、助言を絶やさないように心がけ、チームに自主的に管理させようとした。私たちは一からたたきあげて成長し、辞めていく者はほとんどいなかったので、プログラミング・チームには膨大な専門知識の蓄積があった。今や、全米の開業医の二五パーセントが「メディカル・マネジャー」を使用しており、業務管理産業はフロリダ州アラチュア市全域に浸透していた。それゆえ、方向性を模索する必要はなかった。業界の力強い需要の波にサーファーのように乗っていればよかった。だがやらなければならない仕事がたくさんあり、ついていくのは大変だった。

一九九四年の末になると、プログラミングのチームの運営と数百万ドル規模の事業の財務や管理業務をこなしながら、次に到来する変化の波に備えるのが不可能なことに気づいた。何かしら本格的なサポートが必要だった。そこで、いつもしてきたことをした。ひたすら働きながら、人生の流れが次に運んでくるものを待った。ティム・ステーリーに初めて会ったのはちょうどその頃だった。ティムはプロのソフトウェア開発者で、家族共ども田舎に引越すことに決めた上級のＩＴコンサルタントだった。新しい住み家としてアラチュアの北数マイルの所にあるハイ・スプリングという小さな町を選んでいた。プロのＩＴ関連の人間でこの界隈に引越してくるつもりなら、当然パーソナライズド・プログラミング社のことを耳にしているはずだった。ティムは私たちの仕事に応募した。しかしティムは他の人とは違っていた。彼は一つの奇跡だった。人生はいつものように、必要としている高度な技術と経験豊富なＩＴ開発者を、必要とするときにつれてきてくれたのである。彼は、私たちが抱えているソフト開発の問題を解決してくれただけではなく、その頃まだ表面化していなかったもっと大きな問題をも解決してくれることになった。

初めてティムに会ったときのことを覚えている。子供の学校が始まる前に引越せるように、ティムはこの界隈で仕事を見つけることに奔走していた。彼の履歴書を見た後、ティムが仕事を逃すことがないように、土曜日に面接日を設定するよう人事部に伝えた。彼は若くて清潔感があり、きちんとした身なりをしていた。右手には聖書を携えていた。就職の面接に持って来るものとしては異例のものだった。だがティムはとても敬虔なクリスチャンで、それを私に知ってほしかったのだ。私にとっては、何の問題もなかった。しかし、ポニーテールにサンダル履きのヨギを上司に持って大丈夫なのか、それは定かでなかった。私たちはオフィスでお互いのことを紹介し合った。実はティムはロケット開発の科学者で、ハリス・コーポレーションでミサイル誘導システムのプログラム作成に数年関わっていた。私は評価欄の「優秀」にチェックすべき人材だということにすぐ気づいた。彼は開発者、チーム・リーダー、プロジェクト・マネジャーなどを歴任していた。総合プロジェクト開発や人を扱う能力に秀でていた。当時は、顧客のために大型プロジェクトを進めているテキサス・インスツルメント社の上級コンサルタントをしていた。興味深いことに、彼はフロリダのブルー・クロス・ブルー・シールド社の主要なＩＴプロジェクトのコンサルティングもしていた。

私たちは開発についての考え方を話し合った。身なりが違うのと同じで、私たちの考え方は大きく異なっていた。私にとってソフト開発は創造的なアートだったが、彼にとっては工学技術のプロジェクトだった。実を言えば長い目で成功するためには、両方必要だということを私は知っていた。ティムは、フォーチュン誌が選ぶテクノロジーの一流企業五百社の上級ソフトウェア技術者だった頃に学んだことを持ち出した。私たちはそのような知識と経験を喉から手が出るほど必要としていた。

ティムと私は数時間共にすごし、お互いを心から好きになった。彼は仕事上も人柄においても、パーソナライズド・プログラミング社が必要としている人材にぴったりマッチしていた。だが解決しなければならない問題がまだ一つあった。もしティムが真剣にここで仕事をしようとしているなら、私がしている内容を知ってもらい、その内容に違和感を覚えないかどうかを確かめる必要があった。そのうち必ず通りの向こうにある寺院について尋ねるだろうから、彼を案内して回ることが公正なやり方だと思った。

ティムが広い心で寺院を受け入れてくれたことに驚かされた。彼はさまざまな宗教の装飾品に興味を持ち、瞑想とヨガについて突っ込んだ質問をした。彼が単に信心深いだけではないことが分かった。とてもスピリチュアルで、心から神を愛していた。私のこれまでの経歴を聞いて不快に感じるどころか、感化されたようだった。お互いにスピリチュアルな経験や信念を分かち合ったことで、深い絆が形成された。このスピリチュアルな友情の絆は、共に働いたその後の一〇年ますます強くなった。これもまた人生がもたらした奇跡だった。私はティムを経営陣としてではなく、開発担当者として迎え入れた。彼は従業員と一緒に働くことで、会社の開発環境を知りたがったのだ。数カ月したら、彼に開発チームを再編させ、チームの責任を担ってもらうというのが私の計画だった。私は製品管理の責任者として留まり、エンジニアリングは彼に任せるつもりだった。ティムがどのくらいの重責を担えるか見るのが楽しみだった。

ティムが仕事を始める頃、「メディカル・マネジャー」は生まれてからすでに十五年以上がたっていた。もともと小規模の開業医のためのものだったが、今や大規模な診療所や無秩序に広がる管理型医療組織の経営のために使われていた。私たちの製品を販売する業者にとって、数百人のユーザーをサポートするシステムを導入することは珍しくなかった。この傾向が続けば、ゆくゆくソフトの技術力を超えてしまうことになるだろう。その上、私たちの顧客は製品全体をアップグレードすることを求めていた。それは不吉な前兆であるような気がした。何らかの手を打たなければ、私たちの落日は近いだろう。将来のための堅固な基盤が欲しかったら、ソフトを全面的に書き換えなければならなかった。

それは生半可な決断ではなかった。

多大な投資を必要とし、開発するのに長い歳月と何百万ドルもの資金を投入するリスクがあった。私たちの前途に横たわるそのプロジェクトの巨大さに思いを馳せると、それこそが私たちのところにティムが送られてきた真の理由だということにはたと気がついた。そうだ、彼は最新のテクノロジーを駆使して「メディカル・マネジャー」を設計し直し、まったく新しい製品に作り変えるために遣わされてきたのだ。

既存システムの開発を止める余裕はなかったので、新製品を作るために新しい開発チームのメンバーを雇うことをティムに許可した。新製品の名称は「インタジー」とした。前もって社屋ビルの増築に着手していたのは正解だった。いずれもっと多くのスペースが必要になるのは目に見えていたからだ。私は彼を暗黙のうちに信頼し、彼が求めるものを何でも与えた。新製品を発売するまで五年近くかかった。しかし、何だかんだ言っても、結局最後には、その後何年もの間、市場に居座りつづける製品を作り上げることができた。今、思い返すと、ティムがあのタイミングで現われなかったら、今のような成功がないことは明白である。どうしてそのようなシンクロニシティが起りつづけるのだろう?

42章　大いなる暗闇の時期

パーソナライズド・プログラミング社ではやるべきことがたくさんあったので、寺院での朝晩の瞑想の時を除いて、私はずっと働きづめだった。寺院の共同体はすこぶる安定していたので、その運営に時間を取られることはほとんどなかった。ラダはパーソナライズド・プログラミング社の主任会計監査役として昼夜を分かたず働いていたが、その一方で寺院の運営と財務を上手に取り仕切っていた。

一九九四年の末、私のハート・チャクラを開いたインドの聖者アムリットが弟子と仲たがいする事件が起きた。私たちが祭り上げる多くの人にありがちなことだが、彼の過去の不適切な行動が明るみに出、関係者全員がきわめて困難な状況に追い込まれたのだ。アムリットが実際に共同体を去ったという話を聞いて、私は彼とその妻を寺院に招待した。寺院でしばらく静かな生活を送ってもらいたいと思ったのだ。調子の波に乗っているときに人とつき合うのは簡単だが、困難な状況でつき合うには、深い友情が必要とされる。私たちはみんな、アムリットから非常に多くのものをいただいてきた。それに報いる機会が得られたことに感謝したい気持ちだった。

ラダは何年もの間、ジェンキンスの家で暮らしていた。ジェンキンスの家は私たちの敷地の中でいちばん素敵だったので、彼女はすぐにアムリット夫妻のためにそこを出ると申し出た。一九九四年十二月、アムリットと妻がその家へ引越してきた。それから三年間、彼らはそこですごすことになった。アムリットのような進化した人間が大きな変化をくぐり抜けているときに、そばにいられるのは驚くべき体験だった。アムリットはどんな変化が起ろうと、それを受け入れる覚悟でいた。アムリットが投げ込まれた状況は燃え盛る炎に似ていた。アムリットはその炎を精神的な浄化のために利用することを望んでいた。彼は悲しんではいなかったし傷ついてもいなかった。怖れてもいなかった。ただその経験をくぐり抜けることに身を任せていた。どんな犠牲を払ってでも自由でありつづけること、それがアムリットの願いであり、私たちが共通して持っている願望だった。

私はアムリットが経験していることを親身になって受け止めていた。外の世界のすべてを奪い去られたとき、内面で経験することを分かち合いたかったのだ。私は聖書に出てくるソロモン王の知恵を思い出した。「何ごとにも定められた時がある。天の下のすべてのことには時がある」という至言である。世界的に著名なアムリットを知っていることを、私は光栄に思っていた。今、彼は大いなる暗闇の時期をくぐり抜けようとしていた。そのようなときにそばにいられることは、なお一層光栄なことだった。彼は決して不平を言わなかった。落ち込むことも、失望することもなかった。ただ毎日、非常に深いレベルで自らを明け渡すことに専念していた。個的な自己を手放すために、現実を活用していたのだ。

何ごともそうだが、やがてエネルギーが変わりはじめた。過去の騒音が鎮まり、未来の扉が開きはじめたのだ。ある日、アムリットは、オカラ国立森林公園の中に自分が見つけた場所を見に行きたいので車でつれていってくれないかと私に頼んできた。それは寺院の南に一時間半ほど行った小さな町の中にあった。一目見て、わが目を疑った。それは壮麗な湖の岸辺に建つ、とても美しい巨大な家だった。敷地内に五、六軒の山小屋もあった。まさにアムリットと家族にとってあつらえ向きの家だった。あたりを歩いてみたが、どこもアムリットの雰囲気に合っていた。彼と知り合ってから長い年月がたっているので、私は彼の好みをよく知っていた。これほど彼にぴったりの家を注文して建てることなど不可能だろう。お金に余裕があるなら、ぜひその物件を買うよう勧めた。告げられた価格を聞いて、耳を疑った。びっくりするぐらい安く売り出されていたのだ。

この厳しい試練の時期、アムリットと一緒にいたことで、私は「サレンダー」について多くのことを学んだ。私たちが何ものであろうと、人生は私たちに必要な変化を課そうとすることを、私はたびたび目撃してきた。

問題は、その力を自らの変容のために積極的に用いるかどうかである。より深いレベルで変化に処理しようとする意志さえあれば、どんなに厳しい状況にさらされても心理的な傷を残さなくて済むことを私は知った。「サレンダー・イクスペリメント」は変容をもたらす人生のパワーに深い敬意を払うよう、これまで何度も教えていた。後にアムリットと分かち合ったこれらの時間が、測り知れないほど貴重であったことが判明する。というのもそのときすでに、人生が予期せぬ大変化を遂げようとしていたからだ。

第8部

爆発的な拡大

43章　「メディカル・マネジャー・コーポレーション」の誕生

一九九五年の末までに、パーソナライズド・プログラミング社は七五人の従業員を抱えるまでに成長し、いつも仕事に追われていた。私は自分たちのやっていることが好きだったし、滞りなくこなしていた。総売り上げは年間一千万ドルに達した。そのほとんどが特許権使用料だったので、年間の利益は五百万ドルから六百万ドルになっていた。当分このような感じで続くと思っていると、劇的な変化の兆しが現われた。

システムズ・プラス社と多くの販売業者が、一つの会社に合併する話が持ち上がったのだ。中心で動いているのは、タンパに本社を置くわが社の大口販売業者のひとり、ジョン・カンだった。私のところにやってきたジョン・カンは、パーソナライズド・プログラミング社とシステムズ・プラス社、それに大型の販売店三、四店舗を買収するというプランを立てていると言った。多額の初期投資が必要になるが、資金はすでに確保してあるとのことだった。

パーソナライズド・プログラミング社を売却することを考えると、とても不愉快だった。

もっと不愉快なのは、私が売却を渋ることで、会社を発展させたいという他のすべての人の夢を邪魔することだった。そこで、彼が他の連中を計画に引きずりこむことに成功したら、また会いにきてほしいと告げた。内心、計画が頓挫することを願っていた。

数週間後、ジョンはシステムズ・プラス社と数人の大口の販売業者の賛同を得て戻ってきた。不吉な予感がした。これまでと同じように、個人的な好みを無視して、目の前に出現したものに身を委ねなければならない状況になりつつあった。気に入らなかったが、人生に身を委ねると決めた以上、流れに従うしかなかった。

ジョン・カンがパーソナライズド・プログラミング社の買収に対して行なったオファーは、現金と新しい会社の株式を含む納得のいくものだった。銀行は、新しい会社の株式を公開することで必要な一億五千万ドルを調達するのがベストだと決定した。新規株式公開の日は一九九七年の初旬に設定された。新会社は「メディカル・マネジャー・コーポレーション」と名づけられることになった。その名前が気に入ったことを認めざるをえない。

私がソフトを完成させ、「メディカル・マネジャー」という名前を思いついたのは一九八一年。十五年後、「メディカル・マネジャー」は株式会社の名前になろうとしている。この一大イベントの入口に立った私は、「サレンダー・イクスペリメント」の威力に改めて畏敬の念を感じていた。討議の結果、私が最高経営責任者（ＣＥＯ）、ジョン・カンが社長、リック・カールが相談役になった。本社はジョン・カンの会社があるタンパに置かれ、リック・カールと私はアラチュアのオフィスで仕事をすることになった。会社の株式はMMGR(Medical Manager Corporation)のコード名で、ナスダック証券取引所で取引されることになった。

父親との関係に興味深い変化があったのはこの頃である。私の父は人生のほとんどを株式仲介人としてすごし、三〇年以上もメリル・リンチで働いていた。ひとり息子の私は大学院を途中でドロップアウトして、森の中で暮らし、瞑想三昧に耽っていた。私は一度も森から出たことがなかったにもかかわらず、突然父の世界に登場したのだ。父は、世界有数の証券会社の一つであるモルガン・スタンレーが息子の会社に関心を持っていることが信じられないと再三口にした。父はまた、メリル・リンチのアナリストが私の会社の取引を注意深く監視していることを知って驚いた。私の会社が株式を公開しようとしていることにも強い関心を示した。この時期、私たちはそれまでの二〇年間に話した以上の時間をかけて対話した。共通の話題ができたのだから当然だった。

私は父と近づく機会を持てたことで、とても謙虚な気持ちにさせられた。それは人生の流れに身を委ねたことで起ったもう一つの奇跡だった。それからほどなくして父はこの世を去った。しかし、株式会社になることや健康管理業界について、またウォール街全般について、生涯かけて学んだことを息子にアドバイスすることができて、父はきっと喜んでいるに違いない。

新規の株式公開の約一週間前、わが社のニューヨークの弁護士から株式証明書を送ってもらいたいという依頼を受けたので、急いで銀行に駆けつけ、貴重品保管金庫に直行した。私の唯一の所持品である、最初に買った一〇エーカーの土地の譲渡証書を保管するために一九七一年に借りたものだが、ほとんど触れる機会がなかった。

金庫の中には多くは入っていなかった。だが、そこにあるものはタイムマシンの効果を持っていた。最初に買った土地の証書を見つけたときには、あれ以来起ったもろもろの出来事が頭の中を駆け巡った。私がドロップアウトして森の中で暮らすと決めて以来次々に起った出来事の流れは、誰にも想像できないだろう。だが探していた書類が見つかったため、時間を遡る旅は遮られた。三つ折りにされた書類を引っ張り出して開けた。それは十五年前に「パーソナライズド・プログラミング」を法人組織にしたときの株式証明書だった。初めてその証書を金庫に預けたとき、私以外の誰にとってもさして価値のあるものではなかった。その後、衝撃的なことが連続して起った。今や、世界でもっとも経験豊富な投資家たちがこの一枚の紙に百万ドル以上の値をつけようとしている。

口が乾き、涙が溢れてきた。何もかも放棄したのに、一〇倍にもなって戻ってきたのだ。個的な自己を手放し、目の前で展開していることに人生を捧げる決意をしたとき、私は年に五千ドル足らずしか稼いでいなかった。ウィズラブ建設が仕事に加わると、収入は数万ドルから数十万ドルに増えた。そしてパーソナライズド・プログラミング社を立ち上げると、あっというまに数百万ドルになり、その後、売上高と特許権使用料合わせて一千万ドル以上に達した。今では一億ドルもの資産を扱っている。私を感動させたのはお金ではなく、人生の目に見えない手だった。

私は突っ立ったまま、その一枚の紙を、それがやってきた宇宙に向かって差し出し、人生が一つ一つ積み上げてきた会社に奉仕すること、私に託されたお金は、他人の助けになるような方法で使うことを誓った。深呼吸を一つし、金庫の扉を閉じ、銀行を後にした。そして、ニューヨークに株式証書を送る準備に取りかかった。

44章　カルマ・ヨガ

「メディカル・マネジャー・コーポレーション」は一九九七年二月二日、無事、新規株式公開を終えて発足した。私はアラチュアの森の中で従来通り大規模な研究開発施設の施設長を務める一方で、新会社のＣＥＯと取締役会長になった。ＣＥＯとしてどれだけの仕事をすることになるか皆目見当がつかなかった。だが、長年瞑想を通して培ってきた一点集中が要求されることになることにすぐ気がついた。私はＣＥＯを人生が与えてくれた務めとみなし、自分のスピリチュアル・ジャーニーの一環として受け止めた。その務めを果たすために全力を尽くそうと思った。

ＣＥＯとして最初に行なったのは、定期的に会議を招集し、全国に散らばっている独立心に溢れた重役たちに詳しい活動報告を義務づけることだった。ところが毎週の状況報告をチェックしながら、重役会議を招集する準備を続けるのが不可能だと気がついた。どうみても助けが必要だった。お察しの通り、今回も人生は助け舟を出してくれた。

奇跡と呼ぶのは大げさだが、今回、人生のマジックはサブリナという名の若い女性を遣わしてくれた。他の会社から派遣されてここに居つくことになった人物、ポール・ドビンスが全米の販売業者のセミナーでサブリナに会ったのは数年前のことだった。どうやら一目惚れしたようだ。それから間もなく、サブリナがここへ引越してきてポールと結婚することを私たちに告げた。私はサブリナを知らなかったが、ヨガも瞑想もしたことのないサブリナがヨガを基盤とする共同体に引越してくる、とポールが思いこんでいることに興味を覚えた。彼女はここにぴったりの人間だとポールは断言した。また私が喜んで彼女に会社で働いてもらうようになるだろうとも言った。私にできるのは、好みを捨てて、流れに身を任せることだけだった。

サブリナの家族がカリフォルニアで「メディカル・マネジャー」の小さな販売店をしていたことが分かった。彼女は十三歳のときから業務管理ソフトの販売、導入、サポートをしていた。パーソナライズド・プログラミング社で働きはじめたとき、彼女は二二歳で大学にも行っていなかったが、高度な経営分析能力を持っていることを私はすぐに見抜いた。サブリナは経験こそなかったものの、ＣＥＯの片腕として十分に頼れる人物だった。

一〇万人以上の医師たちを電子請求その他の健康管理業務のシステムにつなぐことが新会社の初仕事になるだろう、と私はサブリナに告げた。そして彼女に責任者になってもらうと伝えた。こうして「メディカル・マネジャー・ネットワーク・サービス」が誕生した。このベンチャー事業は実に多くのレベルで成功を収めたが、なぜ成功したか、本当のところ分からない。それは直観的なビジョンとして始まり、年間百万ドル規模の事業へと育っていった。ごく短期間で、私たちは電子商取引の分野で業界を牽引するまでになったのだ。

それからの二年間、私はそれまでの人生にないほど一生懸命に働いた。しかし、燃え尽きることはなかった。実を言えばその反対だった。「ミッキー」を手放して、人生が与えてくれた仕事に打ち込めば打ち込むほど、私の中でスピリチュアルなエネルギーの流れが増していった。あたかも人生の外部の流れに同調することによって、美しい内部のエネルギーの流れが自然に強化されているようだった。

ほぼ三〇年、周りで展開してきた出来事の流れは非の打ちどころがなかったので、金輪際その流れを遮りたいとは思わなかった。最初問題に思えたものが、私たちを前進させる牽引力になるのを再三見てきた。

一九九八年の末、インターネットが私たちのビジネスにどのような影響を与えるかについて、重役戦略会議が焦点を当てはじめたときもそうだった。インターネットの普及により、私たちの競争相手が販売業者のネットワークを構築することもなく、安価な方法で全米の医師たちにアクセスできるようになることを私たちは懸念した。ジョン・カンと私は、ヘルシオン社とウェブメド社という二つの健康管理のインターネット企業がわが社と関わりのある医師たちに猛烈な勢いで誘いの手を伸ばしているのを知っていた。きたるべきインターネット社会において競争力をつけたかったら、何らかの手を打たなければならないことは明白だった。

そんな折り、「メディカル・マネジャー・コーポレーション」との合併を望む会社が現われた。ニュー・ジャージーにあるシネティックという会社で、自前のインターネットのポータルサイトを介して健康管理のすべての商取引を扱うことを目指していた。彼らは私たちを調べ、一〇万人以上の医師たちが電子的につながれ、広範なサービスを受けていることを突き止めた。もし彼らがわが社の抱えるすべての医師たちとの取引を扱えば、誰もが彼らとビジネスをしたがるだろう。シネティック社は、私たちがこれまで築いてきた資産をまったく新しいレベルにまで引き上げる見込みがあった。

一九九九年の五月、ジョン・カンは、私とシネティック社の会長であるマーティ・ウィゴッドが会う手筈を整えた。マーティと私はお互い合衆国の反対側に住んでいたので、テキサス州ミドウェイのプライベート空港で会ったらどうかとジョン・カンは提案した。ミドウェイはカリフォルニアとフロリダのまさに中間点にあった。私はプライベート・ジェットをチャーターして単身飛び立った。

六人乗りジェットにひとりで座り四万フィートの上空を飛んでいると、とても平和な気分になる。私は瞑想状態に陥り、しばらくの間、安らいでいた。通常の意識に戻った私は、最初に個人的な自己を手放して、人生がどこにつれていってくれるか見てみようと決心したときから環境がガラリと変わってしまったことに思いを巡らせた。

依然として同じ森の中に住み、朝晩の瞑想を続けているものの、それ以外のことは何もかも劇的に変わってしまった。人生はこれまでに何度私に不快な変化を与えてきただろう。最初は、抵抗する気持ちを無視するのは難しかった。しかし、自分を手放すというリスクを冒すことで起ることを見ているうちに、抵抗する気持ちは失せていった。

自分を手放した結果に、私は囲まれていた。すべては人生の流れに身を任せることから生じたものである。人生に自分を明け渡すこと、それが私の自己実現の道だった。それがうまく機能しているのは疑うべくもなかった。私は、自分が望むことや望まないことに基づいて生きてはいなかった。好き嫌いの考えはずいぶん前に心をよぎらなくなっていた。人生に与えられた仕事をこなすことで精一杯だったのだ。それこそ究極のカルマ・ヨガ（行動のヨガ）だった。私は自分の人生を宇宙の流れに預けた。宇宙は私の人生を引き受けただけではなく、私をすっぽり呑みこんだ。自分の身に何が起ろうと私は気にしなかった。気になったのは、会社や従業員や医師たちのことだった。シネティック社の会長と会うためにテキサスに向けて飛び立ったとき、まさにそうした心境だった。

今回の取引についてのジョン・カンとの話し合いで、マーティが頭の切れる人物だということが分かった。私の最大の関心事は、指揮権だった。私は、会社が厳しい利益獲得競争のために酷使されるのを防ぐ立場にいたかった。マーティは、ジョンと私、それに何人かの「メディカル・マネジャー・コーポレーション」の重役たちを新しい合弁会社の取締役にすることに同意した。また私を取締役会の共同議長にし、ジョンと私を共同のCEOにすることにも同意していた。さらに、新しい合弁会社は「メディカル・マネジャー・コーポレーション」という社名を引き継ぐことになっていた。マーティはその買収に一三億ドルの金額を提示していた。わが社の取締役会はこの取引に好意的だった。すべての状況がそちらの方向に向いていることを私は確信していた。だからこうしてマーティとの会合に向かっているのだ。

マーティは事業開発担当者のひとりを伴い自家用ジェットに乗ってやってきた。会合はほんの二、三時間で終わった。予想通りすべてうまくいった。私たちはすでに提案されている合併案を分析する十分な時間を持っていたので、会う前から期待される相乗効果ははっきりしていた。マーティは地に足が着いた人物で、とても親しみやすかった。また仕事一筋で、好感が持てた。私は、自分の寺院の存在や瞑想への肩入れ、脱俗的なライフスタイルについても正直に話した。どれ一つとして諦めるつもりはなかったので、彼がどんなところに足を踏み入れようとしているか知らせておいたほうがいいと思ったのだ。マーティが些細なことにこだわらない、大局を見据える人物であるのは明白だった。彼の関心事は企業の発展だった。私の個人的なライフスタイルのことなどどうでもいいということではなく、私が日々どんなに一生懸命働いているかを話しているときには、注意深く聞いていた。彼は、妻がヨガをやっていると言った。彼はカリフォルニア出身だというから、私のような人間に会っているはずだと思った。私はマーティと握手を交わし、帰路についた。そのとき、個人的にも仕事の上でも、この人物からどれだけ多くのことを学ぶことになるか知らなかった。

45章　合併

時がたつにつれ、人生が毎日私をどこへつれていこうとしているのか分からない、ということがはっきりしてきた。実際のところ、それは私の知ったことではない。私のやるべきことは、目の前に差し出されたものに額《ぬか》づき、奉仕しつづけることだった。

それまで一〇億ドル規模の合併に関わったことがないのは言うまでもない。だが、私たちには有能な外部弁護士や銀行家たちのチームがついていた。私はサブリナの助けを頼りにこの巨大プロジェクトに取り組んだ。マーティが合併を迅速に推し進めていたので、数週間のうちに細部を詰めなければならなかった。最終的に、取締役会は一三億ドルというシネティック社の提案を受け入れることを全員一致で採択し、一九九九年五月十七日、合併が公に発表された。

メディカル・マネジャー・コーポレーションとシネティック社との合併は一大センセーションを巻き起した。その晩のＣＮＮのビジネス関連のニュースでトップに報じられ、翌日のウォールストリート・ジャーナルでも大きく取り上げられた。新会社はメディカル・マネジャー・コーポレーションの名称を受け継ぎ、ジョン・カンと私は共同のＣＥＯになり、マーティと共に取締役会の会長の座についた。私は従来通り宇宙寺院に住み、通りを隔てた仕事場に車で通っていたが、私の世界は一挙に広がった。私の責任は業務管理にとどまらず、マーティのチームが取り組んでいたすべての分野を含むようになった。実を言うと、それが合併のもっともワクワクする部分だった。私は今や世界レベルの経営陣を抱えていた。マーティは生え抜きのビジネスマンを周りに配しており、その連中と一緒に仕事をするのは非常に名誉なことだった。

後で分かったことだが、シネティック社の最大の競争相手で、私たちの古い友人であるウェブメド社とヘルシオン社が合併していたことが判明した。その合弁会社は私たちの健康管理のポータルサイトにとって強力なライバルとなる可能性があった。鍵になるのは時間だった。ヘルシオン社とウェブメド社が必要な資金を調達する前に高度なネットワークを構築する十分な時間があるかどうかだった。

シネティック社と合併して六カ月後の二〇〇〇年一月二五日、答えがはっきりした。その日の朝、私たちは、ヘルシオン社とウェブメド社の合弁会社が、業界最大手の医療費請求会社であるエンボイを二五億ドルで買収することに成功したというニュースで目を覚ました。

それは、エンボイ社が健康管理の商取引で高い利益を上げている安定した企業であることを考慮しての買収だった。この買収で、私たちが彼らとの競争力を維持できないことは明白になった。メディカル・マネジャー・コーポレーションの立場からすると、その取引は、私たちがクライアントの年間何億もの医療費請求を任せてきた医療費請求会社を、ライバル企業が手に入れたことを意味していた。

マーティはその後の役員会議で穏やかにふるまい、冷静だった。実際、普段より鋭いようにさえ思えた。彼は上向きのチャンスをものにするのに長けていたが、それと同じぐらい窮地に立たされたときの対応の仕方に長けていた。彼は取締役会でさまざまな選択肢を一つ一つ検討した。その結果、「ヘルシオン／ウェブメド」社とまともな合併契約を結ぶ交渉に入るのがベストだという決定がなされた。これは、「打ち負かせないなら、仲間になれ」という古典的な教えだった。問題は、「ヘルシオン／ウェブメド」社の基盤が脆弱であることを私たちが熟知していることだった。「ヘルシオン／ウェブメド」社はもっぱら将来の業績に対する期待に基づいて設立された会社だったが、市場は七〇億ドルの価値をつけていた。不運なことに、私たちが成功するもっとも期待できる方法は、彼らと合併して、共に成功する努力をすることだった。

信じられないかもしれないが、私たちがエンボイ社の買収を知ってからたったの三週間後、メディカル・マネジャー・コーポレーションと「ヘルシオン／ウェブメド」社の合併が発表された。二〇〇〇年二月一四日、バレンタイン・デイの日だった。その契約はメディカル・マネジャー・コーポレーションに三五億ドルの値をつけた。ウォールストリート・ジャーナルは健康管理業界の二大勢力の合併と決めつけた。この合併は、さまざまなメディアの見出しを飾った。そのおかげで、メディカル・マネジャー・コーポレーションの株価は一株あたり八六ドルに跳ね上がった。三年前、株式を公開したとき、一株一七ドル六〇セントの値がついて驚かされたが、それに匹敵する驚きだった。

しかし、喜びは束の間だった。インターネット企業に対する過剰な期待に起因するいまわしいインターネット・バブルが、合併の発表があった数週間後にはじけ出した。私たちはまだ契約を結び終えてさえいなかったが、二〇〇〇年の四月までに、「ヘルシオン／ウェブメド」社の株価は七〇％下落していた。それに伴い、合併契約をしていた私たちの株価も下落した。まさに災難だった。残された唯一の希望は、会社全体を立て直すために獅子奮迅の努力をすることしかなかった。

立て直しは困難をきわめた。ウェブメド社は典型的なインターネット企業であり、インターネット・バブルがはじけたことで大きなダメージをこうむった。一時、ウェブメド社の株は一株当たり百ドル以上で取引されていたが、私たちが契約を取り交わしたとき一七ドル五〇セントまで下がっていた。さらに、二〇〇一年の八月にはたった三ドルという底値をつけた。思い切った対策が必要だった。

決算の月内に、マーティが取締役会の会長になり、配下のエリート営業チームと共に会社の運営に当たった。私は業務サービス部門のCEOにとどまり、ウェブメド社の名称を引き継いだ合弁会社の取締役会の役員となった。マーティは思いきったテコ入れをするために、企業再建のスペシャリストであるマーブ・リッチを社長として雇い入れた。会社は年間何億ドルもの損失を出しており、出血を止めなければならなかった。マーブの仕事はすべての部門を見直し、無駄を切り捨て、コア・コンピテンシー（業績達成能力）を高めることだった。残るのは、ウェブメド社の構想に合致し報酬に見合った成果を上げられるものに限られた。

私に課せられた仕事は息つく暇もないほど大変なものだったが、私を著しく成長させてくれた。今や私は不満を述べず、袖をまくり上げて画期的なプロジェクトに取り組む経営陣の一員だった。全員が昼夜を問わず働き、沈みかけた船を立て直すために必要なことは何でもした。何年もの間、私は、物事が自分の思い通りにならないと気が済まない、怯える内部の声から自由になるために努力してきた。今は誰にとっても、思い通りになるものなどなかった。にもかかわらず全員が呼吸を合わせて、自分に求められていることをした。その一員になるのは素晴らしいことだった。この経験は私を内面的に強くし、非常に深いレベルで、私を永遠に変えてしまった。

ウェブメド社において会社の合理化の妨げになっている部署の一つに、カリフォルニアに拠点をおくウェブサイトの開発チームがあった。彼らは会社が損失を出しているにもかかわらず、巨額の給料と新しいウェブメド社の経営からの利益を要求していた。というのも自分たちがいなければ、会社が立ち行かなくなると自負していたからだ。

社長のマーブは私をつれて現地に出向き、開発チーム上層部の経営陣に会社側の要望を伝えたが、経営陣はそれを拒否し、辞職する道を選んだ。その後、マーブは八百人もいる開発チームのスタッフを全員集め、上層部経営陣がたった今総辞職したので、彼らと共に去りたい者はすぐ決断するようにと通達した。残りたい者は仕事が保障されるわけではないが、二、三週間一緒に仕事をし、会社が成長しつづけていくために必要な人間を見きわめようとつけ加えた。そして、出ていく者を選り分ける仕事をする者を部下の中から数人残し、私たちは帰途についた。

一連の経過についてマーブが私に言ったのは、「自分が人質となれば、恐ろしい決断をさせられることになる。そうなれば、負けさ。腫物を前もって取り除き、少なくとも自分の運命を制御できるようにしておいたほうがいいんだ」ということだった。それからほんの数カ月後、マーティ・ウィゴッドの部下の重役のひとりがウェブサイトの開発拠点をニューヨークに移し、四〇人以下のチームで再出発するのを誰が信じられただろう。その新しいウェブサイトがウェブメド社全体の将来の礎になった。

こうした難しいビジネスの体験が私のスピリチュアルな成長に役に立つのを、たびたび見てきた。私は自分の内側でかき立てられる不快感をひたすら手放しつづけた。必然的に、強烈なスピリチュアルなエネルギーの流れがそれに取って代わった。その強さが人生の次の成長体験に備えさせてくれた。

マーブの再建チームが最終的に私の部署に狙いを定めたときのことだ。その頃、メディカル・マネジャー業務サービス部と呼ばれていた私の部署はウェブメド社最大の部署の一つだった。私たちはほぼ二千人の従業員にまで膨れ上がっており、コスト削減の時期がきていた。マーブはそれを念頭に置いて二日間の会議を行なうために、再建チームをアラチュアにつれてきた。初日は将来のビジネスプランとビジョンのプレゼンテーションに当てられた。幸運なことに、私たちは十分な利益を確保している現行の製品だけではなく、将来取り組もうとしている製品やサービスについてもマーブに聞いてもらう周到な準備をしていた。サブリナは、メディカル・マネジャー・ネットワーク・サービスが年間二、三〇万ドルの売り上げからたったの三年で五千万ドルの売り上げへと急成長を遂げたことを報告した。

何が起ったのか私が本当に悟ったのは、それらのプレゼンテーションが行なわれている最中だった。ジョン・カンと私は、メディカル・マネジャーがヘルシオン社やウェブメド社のようなインターネット企業の急成長に遅れをとらないよう予め手を回していた。同時にサブリナと私は、ネットワーク・サービスのビジョンを実現するために、エンボイその他の医療費請求会社を獲得する道を探っていた。

いろいろな問題に直面させられたが、それらが落着したとき、なんと私たちは三つの会社――ウェブメド、ヘルシオン、エンボイ――をすべて手に入れていた。ほんの少し前までそのようなことが起ることなど、誰にも想像できなかったことだ。またもや想像を絶することが起きたのだ。

マーブと彼のチームへのプレゼンテーションは非常にうまくいった。その日一日、部屋の中に興奮が渦巻いていた。にもかかわらず、その晩会社に戻った私は会議室を見て驚いた。壁一面に、メディカル・マネジャー業務サービス部二千人の従業員全員の名前が書きつらねられた用紙が貼りだされていたのだ。人員整理の候補者の名前であるのは明白だった。私はあっけに取られた。というのも会社の発展についていくために、従業員を増やすことを要求していたからだ。

帰宅した私は、従業員の運命がどうなるかとても気がかりだった。明日は非常に不愉快な一日になるかもしれない。その一方で、マーブがコストを削減しなければならないことや、会社の重役として彼を助けるのが自分の仕事だということは分かっていた。多大な内的緊張に見舞われてもおかしくなかったが、私はその状況に自分を委ね、バランスを取る決心をした。とにかく最善を尽くすしかなかった。翌朝部屋に入っていってふたたびショックを受けた。名前が記載された用紙が取り外され、壁が元に戻っていたからだ。何が起ったのか詮索する前に、マーブの側近が私をホールにつれて出し、彼とマーブが昨夜会い、「流血」を避け、私たちが現在やっている仕事を続ける決定をしたと言った。また、私たちの業績や将来のプランにもとても感銘を受けたと言った。二日目のミーティングは必要ないと判断したマーブは、一足先に飛行機で飛び立っていた。

数時間後ニュー・ジャージーの本社の人事部長から電話をもらったとき、これらの一連の出来事がどんなにたぐいまれなことなのかを悟った。人事部長は完全に我を忘れていた。マーブのアラチュア滞在中に、どんなドラッグを呑ませたのかと彼は楽しそうに尋ねた。そして企業の歴史で、こんなことがかつて起ったことがあるかどうか疑わしいと続けた。マーブの人生の目的がコストの削減であることはみんなよく知っていた。彼がその意図でやってきたのに何もせずに帰るというのは、私たちの部署の質を認めている証しである。私にとっては、尊敬する人物からそのような信任を得ること以上に意義深いものはない。

46章　ワシントンに赴く

二〇〇〇年という年は新しい千年紀《ミレニアム》の到来を告げただけではなく、メディカル・マネジャーが絶頂期を迎えていることが広く承認される年になった。魔法の絨毯にただ乗っているだけだった私にとって、すべては完璧な人生の流れのたまものだった。私は認められようなどと思ったことはなかった。人生の風に身を委ね、どこにつれていってくれるかを見ていただけだった。

私たちの元取締役のひとり、レイ・カーツワイルがアメリカ国家技術賞を受けることになり、三月に行なわれるホワイトハウスでの授与式に、私も一緒に出席するよう招待された。レイはグランドピアノその他の楽器の生に近い音をキーボードで再現する最初のマイクロチップを発明したのをはじめ、多くの重要な発明で功績が認められている。また音声認識ソフトの生みの親のひとりとみなされている。レイはかつてメディカル・マネジャー・コーポレーションの取締役会の役員の座についていたし、私もカーツワイル・エデュケーション・システムの取締役の座についていた。そうしたことを通して、私たちは親しい友人になった。彼は寺院にも何度か滞在したことがあり、東洋哲学に並々ならぬ関心を示した。ホワイトハウスではタキシードの着用が義務づけられており、私の普段着とはかけ離れていたが、彼と同行することに名誉を感じ、興奮した。

多くの人同様、私は旅行者としてホワイトハウスを訪れたことがあったが、大統領のゲストとして訪れたことはなかった。授賞式の後、カクテルパーティーがあり、一階のレジデンスルームを自由に歩き回ることが許された。私はワシントン・モニュメントが見渡せるグリーンルームの窓から外を眺め、何人の大統領がこの景色を眺めたのだろうと考えた。それらの部屋のアンティークの椅子になじむのは難しかったが、私が会話を交わしている人々が全員何かしらの科学の分野で国民栄誉賞を受賞していることに気づかされた。クリントン大統領がそれに加わり、廊下でスティービー・ワンダーにも出会った。大雑把に言うなら、「おれは一体ここで何をしているのだろう?」という心境だった。私は瞑想するために森の中に移り住んだヨギだ。人生の流れに身を委ねてきた結果、こんな場所にいる。

信じられない!

その年、ワシントンに行ったのは一度だけではなかった。翌月、メディカル・マネジャーがスミソニアン研究所の記録保存所に収められることになり、代表として私がワシントンに赴いた。スミソニアン研究所は未来の世代のために情報技術革命の記録を残すことを後援していた。私たちが現在目の前で産業革命を見ているのと同じように、いつの日か、人々はコンピュータが私たちの暮らしに大きな革命をもたらした時代に興味を抱くだろう。毎年、世界の先進ＩＴ企業のＣＥＯが集う会議で、この分野で並外れた業績を残した組織の探索が行なわれている。メディカル・マネジャー社は、二〇〇〇年、健康管理の電子商取引の分野で、未来に残すタイムカプセルに保存する価値のある企業の一つに選ばれた。前夜に盛大な宴会が催され、次の日には博物館で式典が行なわれた。私は妻のドナと娘のドゥルガーだけではなく、古参の従業員数人を同行させた。二〇年前、私は森の中の一二フィート×一二フィートの部屋にひとり座り、このプログラムを書いた。それがスミソニアン研究所に導くことになることを誰が想像できただろう？

結局、二〇〇〇年の八月に重要な用事でもう一度ワシントンを訪れなければならなくなった。司法省との会議に、会社の代表として出席するよう要請されたのだ。大企業が合併する場合、合衆国政府は、その合併が市場での競争を妨げ、独占禁止法に違反しないかどうかを決断する権利を有している。「ヘルシオン／ウェブメド」社とメディカル・マネジャー社の合併のケースでは、政府は詳細な情報と対面による会議を要求した。というのも、メディカル・マネジャー・ネットワーク・サービスはエンボイ社に対して大量の保険請求を送っており、私たちが同じ会社の一部になるのを政府は懸念したのだ。この状況に対して、私は謙虚な姿勢で臨んだ。メディカル・マネジャー社は、私がビジネススクールで学んだ独占禁止法違反を政府が心配しなければならないほど大きな成功を収めたのだろうか？　いや、そんなはずはない。だがとにかくそれを納得させなければならない。

サブリナと私はワシントンに飛び、司法省との会議に備えた。私が弁護士に接する機会が多くなりつつあると気がついたのはこの頃である。私たちはワシントンDCにある最大の法律事務所の一つで戦略会議を開いた。弁護士は至るところにいたが、ひときわ目立つ弁護士がひとりいた。ジム・マーサー。マーティ専属の訴訟の専門家である。彼は法律とビジネスの両方を熟知していた。私はジムを敬い、信頼していた。彼が司法省との会議に同席してくれることを喜んだ。もちろん私は司法省と渡り合ったことなど、それまで一度もない。大勢の弁護士団に囲まれて司法省の建物に入ることなど、私の日常にはないことだった。にもかかわらず数時間の厳しい質疑応答ののち、私とサブリナはどうにか政府の懸念にうまく対処することができた。要するに、合併は独占禁止法に抵触するものではなかった。試練を乗り越えたときにはさすがにほっとしたが、それが多くのことを学ぶ経験になったことが後で判明した。

力のある人々に出会ったことや差し迫った状況にさらされたことは、辛抱強く観察してきた自分の精神に多大な影響を与えた。それまで私は、これほど強烈なライフスタイルを持った人々に対面したことがなかった。それに興味があるわけでもなかったし、それから何かを得たいと思ってもいなかった。ただ、そうした経験がなければ決して直面することがなかったに違いない自分の一部と向き合うことができた。もし何らかの弱さや恐怖、不安といったものが生じたら、力を抜いて観察者の立場に戻った。そして、何が浮かんできても、ただ手放しつづけた。それが人生によって導かれたところなのだ。

つまり、私はすべての状況を自分自身を手放す方法として活用したのだ。それはうまくいった。私は極度に肯定的な状況や、否定的な状況に追い込まれた。それによって自分自身がだんだん明晰になり、何ものにも煩わされなくなっていくのに気づいた。試練をくぐり抜ければくぐり抜けるほど、私の内的なエネルギーの流れは外側の状況に影響されなくなっていくようだった。長年の瞑想でも取り除くことのできなかったものを、人生の状況や課題が私から取り除いてくれた。自分自身を手放すことを唯一の目標にしているかぎり、あらゆる状況が実のある経験となった。

何か他の目的を持っていたら、絶え間ないプレッシャーにさいなまれていただろう。対処すべき挑戦のレベルが上がれば上がるほど、内面が平和になっていくことに私は気づいた。人生は、明日の仕事をこなせる人間になるよう私を日々作り変えていた。私がなすべきことは、ただ自分を手放し、人生の流れに抵抗しないことだった。

それからの数年間、メディカル・マネジャー業務サービスの部署は成長しつづけ、財政的に頂点に達した。従業員は二三〇〇人に増え、年間三億ドル以上の収益を生み出していた。わが社は、全米でもっとも多く導入されている業務管理ソフトの販売会社だった。その頃から、完全にコンピュータ化された電子カルテの構築の方向へと舵を取っていた。それは多大な挑戦にさらされた時期でもあり、未だかつてない成長を遂げさせてくれたと思う。

それでも人生の劇的な変化の扉がまたもや開こうとしていることを、私はまだ知らなかった。今度、そうした変化が起ったら、変容体験をするということがどのような意味を持つかを、一から考え直さなければならなくなるだろう。

第9部

トータル・サレンダー

47章　ガサ入れ

二〇〇三年九月三日水曜日のことだった。なぜ覚えているかというと、水曜日の午前中、健康チェックのためにチャンス医師に会いにゲインズビルに行くのが習わしになっていたからだ。検査が終わると、アラチュアの研究開発施設の常勤弁護士であるリサ・エリオットから留守電が入っていた。とても重要な案件だというので、駐車場に停めた車の中で彼女の携帯に電話をした。「電話をもらえてよかったわ」と彼女は言った。声がいつになく緊張していたので、何か良からぬことが起きたのだということが分かった。FBIが私に会いにきているのですぐに戻ってほしい、とのことだった。それを聞いて、二、三年前に元従業員を探しにきた連邦法執行官のことを思い出した。彼らは誰かを探しているのかとリサに尋ねた。

「そうじゃないわ。FBIよ。十二人から十五人くらいのFBIの捜査官と郡保安局の職員がきているの。施設全体を占拠し、電話線もコンピュータのシステムもすべてシャットダウンしてしまったわ。本格的なガサ入れよ。上空にはヘリコプターが飛んでいるし、捜査員は武装しているわ。捜索令状もある。すぐ戻ってきてちょうだい！」

彼女が言っていることは鮮明に聞こえた。声の調子からして緊急事態であることが分かった。しかしあまりにもばかげているので、自分のこととして考えられなかった。たぶん住所を間違えたのだろう。自分が当事者と思えないから、平気でいられた。実のところ彼らの間違いを指摘できれば、こんなに痛快なことはない。リサにどう思うか尋ねると、分からないと答えたが、どうやら同じことがタンパのオフィスやニュー・ジャージーの本社でも起っているようだった。彼女は会社の相談役であるチャーリーに電話したが、つながらなかった。企業全体の電話が切られていた。私はすぐに戻るとリサに伝えて、電話を切った。

オフィスまでの二〇分の間、何か情報を持っていそうな人物にかたっぱしから電話をかけてみた。研究開発の施設に着いたときも、何が起っているのかまったくつかめていなかった。正面の車道は郡保安局の車で完全に閉鎖されていた。出社してきた従業員たちは帰宅させられた。私は保安官代理の前で車を停め自分の名前を告げた。彼は無線機で連絡を取り、すぐ私を通すよう他の者たちに合図した。美しい干し草畑を通る長く曲がりくねった道を進んで行くと、警察の車両が至るところに停まっていた。第一ビルに近づくと、四〇フィートもある保安局の移動式通信指令センター車が停まっていた。その頃、私たちは五つのビルを所有していたが、ＦＢＩと保安局の職員がすべてのビルの周りに配置されていた。確かに、上空には二機のヘリコプターがブンブン音を立てて旋回していた。マスコミ報道のヘリに違いない。

いつもの場所に車を停め、ビルに入った。警察官でごった返していた。私は四、五人の捜査官に迎えられ、すぐに会議室につれていかれ、その日そこですごすことになった。常勤の弁護士のリサに同席してもらいたい旨を告げると、彼女がつれてこられた。

彼らはＦＢＩと財務省の者だと名乗った。とても手馴れており、事務的だった。私はリサが確認した捜査令状を見せられ、全施設が彼らの管理下にあることを伝えられた。彼らは捜査の手がかりになるものをすべて持ち出す権利を持っていた。私は捜査に協力することを認める用紙に署名するよう求められた。リサのほうを窺《うかが》うとうなずいたので、署名した。私はどうしていいのか分からなかった。このような事態にまったく慣れていなかった。唯一参考にできるのは映画で見たシーンだったが、役に立つとは思えなかった。

どうなっているのか教えてもらえないかと捜査官に尋ねた。彼らは多くを語らなかったが、捜査に欠かせない人物三〇名ほどの名前を列挙したリストを見せてくれた。元のメディカル・マネジャー・コーポレーションの経営陣のすべてと、マーティ、弁護士のジム・マーサー、ウェブメド社の企業会計の上役数人などがリストに載っていた。リストを見ているとき、私はあんぐり口を開けていたに違いない。他にも、私を唖然とさせる数名の名前があった。たとえば、メディカル・マネジャー・コーポレーションのために使っていた評判の高い会計事務所の上級監査人のような人物である。私は表向き穏やかにすべてを受け止めていたが、内心では、必死に手がかりを見出そうとしていた。

最初に私の注意を引いたのは、リストに載っているひとりの名前だった。パット・セドラセック。リストにあった他の人物と違い、この人物は私たちの経営陣でもなかったし、法律や会計にも関わっていなかった。企業買収の副部長であるボビー・デービズが率いる販売店を獲得するチームで働いていた。ボビーは一九九七年の新規株式公開の折り、最高執行責任者のジョン・セッションズや販売副部長のデビッド・ワードと共に入社した。パットは何軒かの販売店から賄賂を受け取っていた疑いがあり、私たちは調査中だった。そうでなかったら、二三〇〇人の従業員の中から彼の名前を認めるのは難しかっただろう。調査は二〇〇二年の末頃に始まり、二〇〇三年の初頭までに、ボビー・デービズのほか数人の従業員の名前が挙がっていた。ウェブメド社の顧問弁護士たちは外部の弁護士の助けを借りて事態を処理していた。私たちはすでに関わった人たちを解雇し、召喚状を得てパットとボビーの資産を凍結するために、タンパ裁判所に告訴していた。

調査が進むにつれ、パットとボビーが、買収した販売店から賄賂を受け取る算段をした事実が次々に明るみに出た。召喚状によって彼らの銀行口座を手に入れると、ボビーがお金を隠すために利用していた、複雑に入り組んだダミー会社のネットワークが発覚した。調査員はそれらの口座への資金の出入りを追跡し、誰がお金の流れに関与していたかを突き止めた。パットはすでに調査に協力しはじめており、ボビー・デービズが首謀者であることは明白だった。ガサ入れがある頃までに数百万ドルの追跡が終わっていたが、未だに調査は続行中だった。パットとボビーの名前が両方リストに載っていることと、百件以上の販売店買収をリストアップした捜査令状があることを考えると、どうやらこの捜査はボビーがしてきたことに関係がありそうだった。だが彼の賄賂工作に関わっていた従業員は四、五人のみで、私たちの調査は公然と行なわれてきた。なぜ政府は調査を行なっている弁護士に直接話せなかったのだろう？　すべては簡単に分かるはずなのに、なぜアラチュア、タンパ、ニュー・ジャージーをガサ入れすることになったのだろう？

ウェブメド社の相談役であるチャーリーにやっとのことで電話がつながった。彼はニュー・ジャージーのウェブメド本社もＦＢＩにガサ入れされたことを認め、私同様、理由がまったく分からないと言った。これはボビー・デービズが関与している違法行為に関連しているのではないかと彼も疑っていた。重役全員が賄賂工作に関わっていると告げることによってボビーが警察と取引をしようとした可能性について、私たちは話し合った。もしそうであったとしても、私たちが入手した彼の銀行口座と使用済み小切手という動かぬ証拠があるので、彼の話は信用されないだろう。数日中に事態はもっと明らかになるだろう、それまでは捜査に全面的に協力しよう、とチャーリーは言った。

私は平和な感覚に包まれ、その日ずっと穏やかな気持ちでいた。少しも心配していなかった。何も悪いことをしていないことを知っていたからだ。捜査をしても、何も見つかるはずはない。たとえボビーが保身のために嘘をついたとしても、証拠が真実を暴いてくれるだろう。私はこの尋常ではない経験を自分が完全に受け入れていることを確信したかった。ＦＢＩがやってきて、明らかな理由もなく他人の場所を捜査するなどということはめったにあることではない。

私の理解では、全国で五〇人を超える政府職員が捜査に関わっていた。捜査を終えると、ほとんどのものを持ち去った。私の机には紙きれ一枚残っていなかった。ファイルの棚は空っぽで、秘書のサンディの棚も同じだった。リサのオフィスや法律関連のファイル保管庫からもすべてのファイルが持ち去られた。私の会議室の机には、ビジネスを動かすためのファイルをフォルダーに収め山のように積んであったが、すべてなくなっていた。そこにいた捜査員にどうやって仕事を続ければいいのか尋ねると、ファイルはコピーしてから戻されることになっていると言った。数年たったが、未だに何も返されていない。持ち去られたのは書類だけではなかった。捜査員はデスクトップとサーバー両方のディスクドライブのコピーを取り、持ち去った。

その日は何もすることがないますますぎていった。私は人生に突きつけられた過激な状況に心を乱されないようにするために時間を使った。実際なぜこうしたことが起っているのか、最終的にどうなるのか、考える理由はこれといってなかった。何が起っているのか皆目見当がつかなかったので、それについて考えても何の助けにもならないだろう。代わりに、頭の中の声が言わんとすることを手放し、不安が頭をもたげるたびに、リラックスすることを心がけた。こうした状況にあっては、「サレンダー」は選択肢の一つではなく、唯一、正気を保つための行動だった。

その晩、帰宅する前に捜査官たちを探し、彼らの心のこもった扱いにお礼を述べ、もっと楽しい環境下で会いたい旨を伝えた。私にとって、彼らは最善を尽くして自分の任務を果たしている人たちに思えた。事態を招いたのは彼らのせいではない。

二〇〇三年九月、太陽が沈んだとき、政府は、全国で一二〇万通のEメールと一五〇〇個の箱に詰められた三百万頁以上に及ぶ書類と、八三万件のコンピュータ・ファイルを押収していた。不名誉な記憶として残る一日だった。

48章　主席弁護士との出会い

翌朝、私の人生を予見させる記事が出た。ゲインズビル・サンの大見出しに「FBI、アラチュアのメディカル・マネジャー・オフィスを強制捜査」とあった。その下の本文の見出しには「ウォールストリート、正午前にウェブメド社の株取引を停止」とあり、その横には私の写真が掲載されていた。私が何もしていないこと、そして何のための強制捜査なのかなど、マスコミにとってはどうでもいいことなのだ。とにかく私はトップニュースになった。公にこんな汚名を着せられるのは初めてのことで、動揺が隠せなかった。頭の中の声が、これは自分とは関係がないと説明したがっていた。私の釈明を聞こうと、ウォールストリート・ジャーナルやニューヨークタイムズなど全米のメディアがコメントを求めて私をつかまえようとした。

幸いなことに、頭の中の声を鎮めることに私は何年も費やしてきた。そして、その声に耳を貸せば、勢いを煽るだけだということを学んできた。それゆえただリラックスして、本当に必要なときにだけ、それについて語る決心をした。そうでないときは普段通り仕事をすることにした。

私は何も悪いことをしていなかった。それなのになぜビクビクする必要があるのだろう？　時がたてば、ひとりでに誤解が解けるだろう。それまでは、内奥で感じている平和や喜びを奪われないようにしよう。私は、自分を引き止めようとする怯える「内部の人間」から自由になるために、すべての状況を活用する決心をした。どんな犠牲を払ってでも、自由になる。それが私の旅が目指しているものだった。

その日の朝いちばんに、顧問弁護士たちと電話会議をした。事態を把握できている者は誰もいなかった。にもかかわらず、最優先の仕事は弁護士を雇うことだった。会社と取締役会の両方を代弁してくれる個別の法律事務所と、リストに名前が載っているすべての人間ひとりひとりにつける犯罪弁護士である。

顧問弁護士たちがこの事態を重大に受け止めていることが見て取れた。あなたが清廉潔白かどうかは問題ではない、と彼らは説明した。このような規模の手入れは大問題の前兆であり、それぞれが法定代理人を必要とする、と言うのだ。ということは少なくとも二〇人の弁護士が必要なことを意味していた。それでも十分ではないということがすぐに分かった。捜査令状はサウスカロライナ州のチャールストンにある米連邦地検から出されているので、上級幹部もそれぞれ現地で働く免状を持った弁護士を手配するようにという提案がなされた。結局三〇人から四〇人の弁護士に加えて、二つの法律事務所を雇うという話になった。自分を守るというのは大変なことだとつくづく思った。

私は突然こうした状況に投げ込まれたことを、当事者として受け止めることができなかった。私は刑事問題について何も知らなかったし、考えたこともなかった。それゆえ自分がどんな危険に直面させられる可能性があるか見当もつかなかった。もしひとりで放っておかれたら、自分は何もしてないのだから地検に出向いて話すべきだ、とおそらく考えていただろう。幸いにして私は弁護士と相談して、何が起っているのか見きわめるまで何もしてはならないことを知っている経験豊富なビジネスマンたちに取り囲まれていた。

それからの数週間のうちに、ウェブメド社の取締役会はウィリアムス&コノリー法律事務所を雇った。この事務所はワシントンでは最大ではないにしても、この種の事例を扱うのに最適だという評判を得ていた。

私はもっとも尊敬している弁護士のジム・マーサーに、自分の弁護士を選ぶのを手伝ってほしいと頼んだ。ジムの紹介で私が会った弁護人は、ランディ・タークひとりだけだった。ランディは全米でもっとも由緒ある法律事務所の一つ、ベイカー・ボッツの出資者である代表社員だった。彼の履歴書は犯罪弁護の世界の人名録のようだった。彼はハッブル宇宙望遠鏡の修理の件で、ヒューズ・エアクラフトが合衆国政府から四百万ドルの請求をされた折り、弁護することに成功した。また、レーガン大統領首席補佐官代理のマイケル・K・ディーバーの偽証と司法妨害の裁判では、マイケルの弁護団のチーフを務めた。

ランディについて集めたあらゆる情報の中で私がもっとも関心を抱いたのは、ウィリアムス&コノリーの弁護士が言ったことだった。その弁護士は私が髪をポニーテールにし、森の中で暮らしていることを聞いていた。彼は、自分が知っているすべての一流の弁護士の中で、ランディはもっとも前衛的だと言った。だから、ランディとはきっとうまくいくだろうと私は思ったのだ。

私はニューヨークで初めてランディと会った。彼はウェブメド社の株主総会で、私とジム・マーサーに会うために飛行機でやってきた。ランディとはすぐに打ち解けた。彼は三〇年以上にわたって、政府による告訴から人々を守る弁護をしていた。ワシントンを舞台に仕事をし、大きな成功を収めていた。ランディは今回の一件と、私のユニークな背景に興味を抱いたようだった。彼はウィリアムス＆コノリーから入手可能な情報をすべて手に入れていた。ジム・マーサーと私は、直接、自分たちが知っていることを話した。

ランディと私が会う頃までに、ウェブメド社は政府の捜査の目的が何かをだいぶつかみはじめていた。案の定、ボビー・デービズが背後で糸を引いていた。二〇〇三年初頭、会社が彼の隠し口座を暴くことに成功した後、ボビーは自分が捕まるということを知った。彼が賄賂と横領で六百万ドル盗んだことに私たちが気づくのは時間の問題だった。彼は刑務所に長期間収監されることになるはずだった。しかしボビーはどうやら筋金入りのペテン師のようだった。見つからないように詐欺をやり、何年間も私たちをだましていたのだ。二〇〇三年三月、ボビー・デービズは自分のしたことを罰せられるのを回避するための工作を始めた。自分が住む場所から近いチャールストンの米連邦地検に、内部告発者として出頭したのだ。そして、自分は大規模な粉飾決算に関わっている公開会社の重役であると告げた。彼は、この不正の一環として自分自身と他の数人が賄賂を受け取ったことを認めた。しかし、もし政府が彼と取引をする用意があるなら、最高経営陣全員を引き渡す用意があると述べた。

実際、デービズは販売店の買収を担当する公認会計士だったので、あらゆる買収の詳細な情報や関係書類を握っていた。彼は政府のために、会社の幹部組織の構図を自分流に作り上げた。後に発見される書類によって裏付けられるような話をでっちあげる、それが彼の狙いだった。そうすれば、調査官の信頼を得られると思ったのだ。もし知識がパワーであるとするなら、ボビー・デービズはすべてのパワーを握っていた。

それは珍しい状況ではない、とランディは説明した。政府は一つの見解をまとめ、次にそれを裏付ける証拠を探す。それが、ＦＢＩがガサ入れで持ち帰った大量の文書で、現在行なっていることだった。ランディが言うには、こうした大量の文書の問題は、それらに言いたいことを言わせる方法が必ず見つかるということだった。そのことを踏まえた上で、ランディは全力で私を弁護することに同意し、二人は握手を交わした。

二人で長旅に乗り出そうとしていることを、私はまだ知るべくもなかった。また私たちの友情がどんなに深いものになっていくかも分からなかった。分かっていたのは、私をこうした混乱に導いたのと同じ人生の出来事の流れが、私を主席弁護士に引き合わせてくれたということだけだった。この流れに従うことが私の大切にしている実験だった。もう後戻りはできない。

49章　合衆国 vs. マイケル・A・シンガー

強制捜査から四カ月たっても、何が起っているのかほとんど分からなかった。政府の捜査官が押収した文書に目を通し会社の人間から聞き込みをすれば、不正を働いたのはボビーとその仲間だけだということに気づくだろう、と私は確信していた。新聞の見出しに私の名前が出ることがなくなり、すべてのことがほぼ日常に戻った。ランディは彼のチームの数名のメンバーと同じように、一度か二度アラチュアにやってきた。政府が何について立件しようとしているのか分からなかったし、一九九七年から二〇〇三年までのすべての文書を押収していったので、私たちにできる法律業務はほとんどなかった。重役たちにできるのは、弁護士たちにはっぱをかけ、経営史と個人の履歴書の調査を急がせることだけだった。

ランディは私のためにサウスカロライナ州の弁護士、ジョン・シモンズを選んだ。即刻ジョンが私に会いにやってきた。とても印象深い人物だった。かつてはサウスカロライナ州の連邦検事をしていたが、現在は個人で法律事務所を経営していた。一日一緒にすごし、私がビジネスや寺院の運営を通して何年もかけて築き上げてきたものを見た彼は、現在、起っている事態に狼狽した。彼は捜査を指揮している検察官を知っていると言った。すこぶる頭の切れる女性だということだった。ジョンは他の連中と同じように、ボビーが彼女をうまく抱き込んだのではないかと心配した。

このような収賄や横領などの大がかりなホワイトカラー犯罪の捜査は何カ月という単位ではなく、何年という単位で行なわれるはずだ、とランディは言った。政府が押収したものに目を通し立件する準備を整えるまでは、私たちにできることはほとんどないとも言った。検察官に連絡を取って、リスト上の私の位置づけについて尋ねるのは可能だというので、そうした。自分が捜査の主要な標的のひとりだということを知らされ、私はショックを受けた。ランディは驚かなかった。私はCEOなので、リストの頭に持ってこられたのだ。にもかかわらず私は、何も見つからないだろうから心配無用だ、最終的に真実が勝利する、と信じていた。その間、会社は自らを防衛するために積極的に動いた。ボビーの賄賂工作の内部調査をやり遂げるために、ある法律事務所を雇った。さらに会社は、粉飾決算があったというのは事実ではないことを証明しようとした。そのため取締役会は法廷会計事務所を雇い、二〇〇一年度のメディカル・マネジャー業務サービス部門の歳入と利益のこと細かな会計検査を行なわせた。株式を公開している会社として、ウェブメド社が混乱に巻き込まれるのを防ぐことがきわめて重要だった。幸運にも、検査はうまくいった。

二〇〇四年七月、私は業務サービス部門のCEOを辞任した。その年の後半、捜査が激化した折り、ウェブメド社の取締役からも降りた。私はこのことを、人生の流れに仕えるためのもう一つの「サレンダー」の行為とみなした。私はただリラックスして、いささかでも抵抗心が生じたら、ことごとくそれを手放すことにした。それが厳しい試練を乗り切る私のやり方であり、この時期の私の人生をひときわ意義深くしてくれるものだった。

二〇〇五年一月になると、大きな進展があった。政府はボビー・デービズとその協力者からの司法取引を受け入れた。彼らは会社に不正利益の返還をすることに同意し、ボビーは満一年の懲役刑を受けることに同意した。何のかんの言っても、五年間にわたり、五三件の賄賂工作で、五四〇万ドルを盗んだことを認めた点を考えれば、悪い取引ではない。

私たちは激怒した。私たちを陥れようとする彼らの証言と引き換えに、当局がそんなに軽い罪で彼らを放免しようとしているのだとしたら、私たちにとって良い兆候とは言えなかった。私たちはまた、ボビーが経理部の女性と関係を持っていたことを発見した。彼女は公認会計士で、販売店買収プロジェクトの会計監査官だった。ボビーが会計や監査役や重役たちの目を逃れて不正を働くことができたのは、彼女の協力によるところが大きかった。けれども彼女はまったく責任を問われなかった。私たちがきわめて不利な立場に置かれていることにやっと気づいたのは、この時点だった。政府は証言を得るために、罪があることを承知で罪人を放免しようとしているのだ。これらの人々は自分たちに当てられたスポットライトを消すために、仲間を差し出したのだ。にもかかわらず、新聞は「メディカル・マネジャーの重役が不正会計に関わった罪を認める」と報じた。さらに訴追者が増える見込みだった。それはウェブメド社とメディカル・マネジャー業務サービス部門にとってかなりの痛手になった。私がなんとしても避けたいのは会社を傷つけることだった。二五年間献身的に働いてきたが、辞める時が来ていた。二〇〇五年二月九日、退職願をウェブメド社のCEOに送った。こうした状況下で書かれた退職願に「愛と敬意をこめて」と署名してあるのは、たぶん他にはなかっただろう。それは、精魂込めた、私なりの署名だった。

会社を去ることにしても、内面的に動揺するようなことはなかった。翌朝目が覚めるといつものように寺院に行き、寺院の敷地内にある古いパーソナライズド・プログラミング社のオフィスビルまで歩いて行った。そのビルは住居になっていたが、誰もそこには住んでいなかった。私の古いオフィスは書斎として使われており、十五年前と同じ机や家具が置かれていた。そこが、道路を下ったところにある重役室と同じくらい快適であることを発見した。実のところ、こちらのほうが心地良かった。私は常々シンプルであることが好きだった。だから森へ引越したのだ。そのオフィスに静かに座っていると、この過酷な状況が、内的にも外的にも驚くべき変化をもたらしていることに気づいた。人生はいつもそうだった。それらの変化を受け入れることが、私の大事な実験だった。今回の政府による攻撃も例外でないことが分かった。私は、人生がつれていってくれるところには、どこにでも喜んでついていかなければならなかった。

その間、私は常日頃執筆したいと考えていた本を書くためのゆとりを与えられた。書きたい本は二冊あった。一冊は、何年も前にソファーに座って初めて頭の中の声に気づいて以来、学んできたことを伝えるものだった。この世の誰でも奪われる可能性がある「本来の自己の座」に戻る旅の本である。『いましめを解かれた魂（The Untethered Soul）』（邦題『いま、目覚めゆくあなたへ』菅靖彦訳　風雲舎）というタイトルにする予定だった。

もう一冊は、私が自分の好みを手放し、人生が自然に展開するままに任せた結果、何年間にもわたって起きた奇跡的な出来事の流れについての物語である。それは『サレンダー・イクスペリメント（Surrender Experiment）』という題名になるだろう。その本にはまだ手をつけられなかった。最終章がどうなるか分からないからだ。めまぐるしく変化する不安定な状況の中で、私は『いま、目覚めゆくあなたへ』を書きはじめた。

カレン・エントナーは十五年以上も寺院で暮らしていた。彼女は高い生産性を買われ、メディカル・マネジャー社の管理職に昇進していた。文書業務とコンピュータをベースにしたトレーニング部門のトップとして、彼女は私の下で長年文書を作成してきた。私が会社を辞めてまもなく、本の執筆の手伝いをしたいと彼女は言った。こうして私は書くべき本と、執筆を手伝ってくれる完璧な人物を手に入れた。寺院の運営と本の執筆、そしてランディたちとの定期的な会談で、その年の残りの日々は多忙だった。

手入れがあってから丸二年後の二〇〇五年十一月、ランディは起訴の日が近いという噂を聞き、彼と数人の弁護士は、依頼人を犯罪と結びつける証拠を見せてもらいたいと当局に要求した。その結果、ランディは三センチほどの厚味のある書類の山を私に送ってきた。それらは、ボビーの行動の背後に私が存在していることを証明するために、政府が使おうとしている書類だった。私はその資料に興味があったが、一方で怖くもあった。二、三時間もしないうちに、私は面くらった。それらの書類の中に、私の有罪の証拠になるものなど何も見当たらなかった。ボビーが行なったいくつかの買収に関する会計報告はあったが、大半は、週に二回の重役たちの電話会議の際に私のアシスタントのサンディ・ブーンが取った手書きのメモだった。ＦＢＩはそのメモの中で、四半期の収入と利益の見込みについて私たちが話し合った部分を、すべて丸で囲っていた。サンディはいくつかのコメントや提案の隣に、私の名前を書き込んでいた。それだけである。

私は安堵する一方で、不安になった。安堵したのは、予想通り、私が不正を犯したことを示すものを何も見出せなかったからだ。不安になったのは、明らかに彼らはこの丸で囲んだ書類を、私を告発するための証拠とみなしていたからだ。どう考えていいのか分からなかったのでランディに電話をした。ランディは書類を見た者はみんな同じ反応をしたと言った。私を何らかの不正行為に結びつけるものは何も見当たらない、とみんな言っている。しかしそれは問題ではない、とランディは言った。ボビーは自分が関わった粉飾決算は金融市場の数字合わせが目的だったと言っていた。これらの書類は動機を示すために使われるだろう。検察官は、私が金融市場の期待に応えたいためにボビーが不正を働くのを許した、と主張するだろう。動機は私を訴追するための駒の一つだった。しかし、それは私にだけ起ったのではなかった。他のすべての重役たちとその弁護士たちも与えられた資料に同様の反応を示した、とランディは教えてくれた。

ちょうど一カ月後の二〇〇五年十二月十九日、ランディは、連邦政府の起訴状が発行されたという通知を、サウスカロライナ州コロンビアにある連邦保安局から受け取った。私は逮捕された。メディィカル・マネジャー・コーポレーションの元幹部九人と共に十二月二八日、罪状認否のためにサウスカロライナ州チャールストンの連邦政府に出頭することになった。召喚状には次のようにあった。

「アメリカ合衆国　対　マイケル・Ａ・シンガー」

50章　『いま、目覚めゆくあなたへ』の出版

起訴状を目にするまで、自分が直面しているものをきちんと理解していると思っていた。正直言って、その起訴状の内容ほど事実とかけ離れたものをこれまで見たことがなかった。ボビーが、自分のやった不正は会社もすべて承知だったと検察に告げ、私たちを巻き添えにしたのは分かっていた。法の目からすると、私たちは共謀者だということになる。しかし起訴状にはボビー・デービズの名前すら記載されていなかった。ボビーが行なったと主張する不正や重役たちがしたこと――正確に言うなら、「重役たちがそそのかしてやらせたこと」――のすべてが羅列されていた。私たちは全員十五年までの懲役刑に処せられる可能性のある共同謀議の容疑をかけられていた。

私は罪状認否のためにチャールストンで、ランディと私のサウスカロライナ州の弁護士、ジョン・シモンズに会った。起訴されたメディカル・マネジャー社の重役一〇人全員と、私たちが雇った二〇人以上の弁護士たちがそこに居合わせた。それに、ジョン・カン、ジョ

ン・セッションズ、リック・カール、デビッド・ワード、地域担当の二人の副社長、最高財務責任者、会計監査官、販売店の買収プログラムに関わった弁護士などが加わった。見事な茶番だった。公判に入る前に、全員ＦＢＩに逮捕され、指紋を取られた。言うまでもなく、全員初めての経験だった。

訴訟手続きは滞りなく進んだ。普通であれば、被告人ひとりと弁護士が裁判官の前に立つところ、人数が多いため、一〇人の被告とその弁護士が詰めて並ばなければならなかった。法廷は非常に狭く、傍聴席は残りの弁護団で占められていた。部屋が一杯なので、裁判官に対面するための一〇人の被告を待たせておくために陪審員席が使われた。私は陪審員席の右隣に立っていた。被告たちの様子は、刑務所内で私がかつて率いていた囚人グループを思い出させた。

人生はこの先どこにつれていってくれるか分からない。いつか私も、あの囚人用のオレンジ色のジャンプスーツを着なければならなくなることだって、大いにありうることだ。そう思っていたほうが、この試練の間平和な気持ちを保つにはいいだろう。私はサウスカロライナ州の法廷に立ち罪状認否を受けようとしていたが、隣に座っている被告たちが愛おしくてたまらなかった。ランディは背筋を伸ばして立ち、訴訟手続きに注意を向けるよう私に注意を促した。

裁判官は、保釈金なしの自己誓約による保釈、という判断を下した。帰ってもいいことになった。だが私はしばらくそのまま法廷に留まり、この経験が私にとって何なのかを考えた。人生に二度とないようなユニークな人生の瞬間なので、しっかり味わっておきたかった。

起訴されて以来、メディアの記事は、重役やその家族だけではなく、私の身近な人々にも影響を与えていた。犯罪者の矯正施設であるＵＣＩの刑務所長から電話があり、事態の解決を見るまでは、土曜日の朝の集団瞑想を許可するわけにはいかないと告げられた。三〇年にわたって打ちこんできた、おそらく私が人生で行なったもっとも大切な仕事である刑務所でのワークがこうして終わった。

以前、明るい光に照らされていたあらゆることに、今や暗雲が垂れこめていた。すべてが私にはどうにもならないことだった。私は心穏やかに座って、じたばたせずに事態が推移するのを見届ける決心をした。若いとき危機に直面して、自分自身の好みを手放し、人生の流れに身を委ねる実験を始めた頃のようだった。大きな違いは、今回の危機が想像を絶するものだということである。まさに最悪の事態だった。

そうこうしているうちに、ガサ入れから二年半がすぎた。政府は調査官が押収したすべての資料を公開することを、法律によって義務づけられていた。しかし裁判が近づいても、私たちは弁護に備えるための資料を何も手に入れていなかった。

一カ月後、公開された資料がようやく手に入った。私たちはガサ入れのときに押収された一二〇万通のＥメールばかりではなく、ＦＢＩの尋問の際のメモも一部閲覧できるようになった。押収された何百万頁に及ぶ文書や、手入れの最中にコピーされた何十万件のコンピュータ・ファイルを閲覧できるようになるまでには、さらに五カ月かかった。政府はこれらの資料を調べるのにほぼ三年を費やした。弁護側がそのすべてに目を通すには、それ相当の日数がかかるだろう。

公開された資料が届きはじめると、ランディとベイカー・ボッツ法律事務所のチームは私がするべき仕事を次々に指示した。何万通ものＥメールの調査、六年に及ぶ重役会議のメモのチェック、何年も夜ごと自宅に持ち帰って行なった仕事に対する私の感想の再確認――といった仕事である。

資料に精通すればするほど、ボビーとその仲間以外誰も不正を働いていないことが明らかになった。重役たちの誰かが粉飾決算を指示、あるいは示唆したということを示すＥメールや文書は出てこなかった。資料に当たった弁護士たちも、被告に不利になる確固たる証拠を見つけることはできなかった。ただ私たちは当時、日常的にボビー・デービズと一緒に仕事をしていたので、不運なことに、どのようにでも解釈できる状況証拠は常に存在していた。

こうした背景の下で、私は『いま、目覚めゆくあなたへ』を書いた。私は心の底から人々に伝えたかった。私たちは、内奥にあって頭の中の絶え間ないおしゃべりを聞いている存在であり、そうしたおしゃべりから解放される方法があるのだということを。ばかばかしい法律上のゴタゴタにかかずらうことではなく、それこそが私の人生の仕事だった。この先どんな脅威にさらされようが、それはどうでもよかった。私は、人々の人生を明るく輝かせる深い真実を、みんなと分かち合いたかった。

私は本を書くことに専念した。二〇〇六年の後半頃までに、カレンと私は本を書き上げていたが、しつこく編集を続け、手を入れていた。私は初期の草稿をランディに送った。彼の感想を聞きたかったのだ。少しでも裁判に影響を与える可能性のあることに関しては、弁護士の許可をもらう必要があった。ランディは、検察官が私を訴追する道具としてこの本を活用する方法を見出すのではないかと心配した。そうなったら、喜んでそのリスクを負うつもりだと彼に告げた。とくに裁判がどのような結末を迎えるかまったく分からなかったので、できるだけ早く本の出版にこぎつける必要があった。リスクについて話し合ったのち、ランディは私に決断を任せた。

『いま、目覚めゆくあなたへ』の出版の話はすぐにまとまった。

私は草稿を寺院評議委員会のメンバーで親友のジェームズ・オディに送った。当時、ジェームズは純粋知性科学研究所の所長だった。彼らは全米一の心理学系のニュー・ハービンガー出版と共同出版の契約を結んだばかりだった。ジェームズと出版社の編集者が私の本を読み、気に入ってくれた。その頃、奈落の底に引きずりこまれそうな気がしていた私は、本の出版が思いのほかトントン拍子に進んだことに驚かされた。本は二〇〇七年九月に出版された。慣例となっている販促のためのサイン会のツアーは無視した。インタビューもすべて断った。とくに発売当初、本を売り込むのは著者の責任だということは分かっていたので、ニュー・ハービンガー出版にはインターネットを使って宣伝活動をすると伝えた。カレンと私はマーケティングの戦略を立て、アラチュアの森を出ることなく本の販促にお金と時間を費やした。

結果は驚くべきものだった。

初版を売り捌《さば》くのに一年はかかると見積もられていたのに、たったの三カ月で売り切れた。発売以後、本は米国だけではなく世界を舞台に順調に売れつづけ、今日でも売れている。暗雲が垂れこめた状況の真っ只中で、この本は姿を現わし、羽根を広げ、空高く舞い上がった。膨大なフィードバックが全世界から寄せられた。

『いま、目覚めゆくあなたへ』は人々を助けるというその目的を果たしている。想像を絶する暗闇の中で、光を放っている。③

③二〇一二年十一月『いま、目覚めゆくあなたへ』はニューヨークタイムズのベストセラー一位になった。

51章　憲法と権利章典

法廷闘争は興味深いものになっていった。開示資料を見ることができるようになってランディと弁護団が最初に行なったのは、裁判官に頼んで、政府に資料の量を簡素化してもらうことだった。何百万通というEメール、文書、コンピュータ・ファイルに、何年にもわたる会計項目の書類を加えれば、あまりに膨大な量になったからだ。もし私たちが自分たちを守るチャンスがあるとすれば、不正行為の主張をもっと具体的なものにさせる必要があった。法律用語で、それは「請求明細書の請求」と言われている。政府は抵抗したが、裁判官は検察官に対して、どの買収事案と会計項目を裁判にかけようとしているのかを特定するよう命令を下した。

この数年、事実が操作され、何が真実か分からなくなるのを見てきたが、私たちにも口を出す権利があることを知ったのはその時が初めてだった。合衆国司法省（ＤＯＪ）は世界最大の権力の一つである。だが、すべての権力を握っているわけではない。裁判官はＤＯＪの申し立てを却下する権利を持っている。

他の多くの国では、そんなふうな仕組みになっていない。政府がこの人間は不正を犯したと信じれば、それで一巻の終わりになるのが通例である。この試練を乗り越えるためには、私たちの法制度をできるだけ学んでおく必要があった。政府に要求できる権利を保障してくれるのは何か、それをランディに尋ねた。合衆国憲法だ、と彼は答えた。素晴らしい答えだった。憲法修正条項六条によると、被告人は罪状の性質と原因について告知を受ける権利を有する、とされている。最高裁判所はこの権利を、「もし公開資料の量があまりに膨大な場合は、被告は請求明細書を要求できる」という意味に解釈してきた。

ランディには告げなかったが、そのとき私は心の底から感動した。三年もの間、私は自分自身の内奥に静かに座り、時の権力者がボビーの嘘を真に受け、誰にも止められない破壊力に変えるのを見てきた。突然、私は会ったこともない人々が思いやりと先見の明を持って、私が権利を持てるよう尽力してくれたことを思い知らされた。これがアメリカ合衆国とマイケル・A・シンガーの対決なら、私には偉大な人たちが何人か味方についていた。人権の拡大に貢献したトーマス・ジェファーソン、ジョージ・メイスン、ジェームズ・マディソンといった人たちだ。この先何年か、私が底なしの暗黒の深淵に落ち込まないよう支えてくれるのは一枚の紙切れだけだ、ということが痛いほど分かってきた。その一枚の紙切れとは、合衆国憲法なのだ。

私は家に帰り、憲法を最初から最後まで読み返してみた。私の置かれている苦境から見ると、建国の父は政府を作っただけでなく、国民を政府から護ろうとしていた。頭ではそのことを分かっていたが、今は身につまされる思いだった。単なる市民論の授業ではなく、自分の人生がかかっているからだ。こうした状況の下で憲法を読むと、実に新鮮で身近に感じられる。

二〇〇七年を通して、合同弁護団は、政府が請求明細書にリストアップした項目に関連する文書を探す作業に追われた。私は毎月二、三度、検討会に出るためにワシントンＤＣに出向いた。また、ベイカー・ボッツ法律事務所の弁護団と定期的に電話会議を行なった。ランディはほぼすべての会議に出席した。彼のパートナーであるケイシー・クーパーと共同弁護士たちが日々の仕事の大半を黙々とこなしていった。関係者はそれぞれが販売店買収の案件を割り当てられ、徹底的に再現し、どんな取引がされていたかを詳細に調べるよう求められた。まるで削岩機で自分のエゴを砕いているような気持ちだった。

私は素晴らしい会社を立ち上げ、経営してきた。私たちは偉大な製品、偉大な従業員、偉大な顧客を持ち、華々しい成功を収めていた。ところが、販売店買収プログラムの表面下で、腐敗が起った。まるで汚水溜めを覗き込むようなものだった。ボビーは盗みを働き、嘘をつき、私や他の重役たちを巻き込み、すべてを操作してきた。彼がしてきたことを見て、私は思わず息を呑んだ。これらの会議が、ボビーのしたことについてではなく、ボビーが犯した犯罪の責任を私たちに取らせる方法についてのものだ、と全員自覚していた。まるでトワイライトゾーンの中にいるようだった。私にできることと言えば、できうるかぎり深いレベルで、自分を明け渡しつづけることだけだった。私の真言は、「これが現実だ。対処せよ」だった。今や、私は、悪党によってはめられた哀れなマイケル・A・シンガーという間抜けを弁護するために集められた優秀な弁護団の一員だった。私は深呼吸を一つして緊張を解き、討議されている話題に積極的に参加した。

私たちは確実に前進していた。政府にもらったデータファイルを保存しているディスクドライブが、FBIによって不適切に索引を付けられていることを発見した。何らかの理由で、ごく短い見出しによる索引があるだけで、内容を検索するための索引はなかった。これでは重要なデータの検索結果が大幅に狭められてしまう。弁護団は索引を充実させ、多くの興味ある過去の文書を発見した。ボビーがついた嘘と矛盾する草稿段階の文書や書簡も見つかった。私たちは少しずつ、ボビーがでっち上げた嘘のかたまりを解きほぐしていった。

私たちの事件を担当していたのは、ブラット裁判官だった。ランディは彼と良好な関係を保っており、私たちは定期的に公判前の聴聞会を開いた。ブラット裁判官は私たちの申し立ての全部ではないが、多くを認めていた。ランディは彼を公正な判定を下す人物とみなし、政府があまりに事件を広げているとブラット裁判官が思いはじめていると感じていた。

ガサ入れがあってから四年以上が経過し、ついに事態が好転しはじめた。私は自分の筆頭弁護士として、また、合同弁護団の中心人物としてランディに絶大なる信頼を置いていた。二〇〇八年、もつれた糸がほぐれだした。二月七日、ランディは検査の結果、胸に腫瘍が見つかったと私に報告した。腫瘍は癌性のもので、医師団は早急な手術の必要性を主張した。結局、胸を切り開く手術を行ない、腫瘍を切り取った。闘争の真っ只中で司令官が病に倒れたのだ。ランディが回復して矢面に立つようになるまで三、四週間しかかからなかった。だが、気がかりなことがあった。医者によれば、腫瘍が再発する可能性が高いので、化学療法を考えるべきだというのだ。彼は最善を期して、少し様子をみることにし、その間仕事に戻った。それは喜ぶべきことだった。なぜなら政府側は裁判官に公判の日にちを決めるよう求めていたからだ。私たちは公開資料が膨大なために、まだ準備ができていないと裁判官に訴えていた。しかし、二〇〇八年六月、裁判官は公判の日にちを知らせてきた。二〇〇九年二月二日、わずか七カ月後のことだった。やるべき仕事がたくさん残っていた。大勢の弁護士が必要になるだろう。

七カ月の半分がすぎた頃、ランディの癌が再発した。今回は、八週間の集中的な化学療法と、どのくらいかかるか分からない回復期が必要になるらしい。私は弁護士の選択についてジム・マーサーがアドバイスしてくれたことを思い出した。大切なのは、一流の法律事務所に所属していて、自分の事例だけに専念できる上級弁護士を選ぶことだと言った。ランディはまさに適任者であることを証明した。彼は担当医のアドバイスに逆らい、公判が終わるまで待ってから治療を開始するという、命を危険にさらすことを本気で考えていた。私はそれを認めないとはっきり言ったが、彼は腫瘍がどのくらい早く進行するか、様子を見てから決断すると言った。ランディは最終的に、「名誉」と「真実」と「正義」のための闘いに駆り出されたサムライのようだった。小さな腫瘍のために、自分の持つ刀を捨てようとはしなかった。不運にも一カ月もすると、腫瘍はもはや選択の余地のないレベルまで進行した。ブラット裁判官が公判日の延期を認めないのは分かっていた。ランディは思い切って、三カ月の延期を要求した。そうすれば、裁判で私の代理を務めることができるからだ。

またもや、私を護ってくれたのは憲法だった。私には自分の選んだ弁護士の助けを受ける権利があるのだ。政府は延期の申し立てに反対したが、裁判官はランディの回復が間に合わなかった場合に備えてもうひとり主席弁護士を雇い入れることを条件に、申し出を認めてくれた。ちょうど五カ月後の二〇〇九年五月四日に公判日が新しく設定され、ランディは治療を開始した。

私は五年以上もランディと組んで仕事をしてきた。彼は私の主席弁護士であり、親友であるだけではなく、合同弁護団全体の主任法廷戦術家だった。彼に代わる人物は他にはいなかった。少なくとも予備としてもうひとり弁護士を雇うことを裁判官に約束した私は、深呼吸をし、目の前の現実にサレンダーした。これから、新しい主席弁護士との作業が始まることになるだろう。

52章　神の介入

公判の日が近づくと、作業の量が著しく増えた。二月になると、予備的申し立てをするきわめて興味深い重要な段階に入った。予備的申し立ては、検察官が裁判で提出しようとしている証拠が法的観点から見て信頼に足るものかどうかを問う機会を与えてくれるものだった。彼らは文書を次から次へと取り上げ、自分たちが組み立てたストーリーを裏付けるような方法で解釈していた。しかし、彼らが事実を捻じ曲げて言わんとしていることを、多くの文書が語っていないことを私は知っていた。とはいえ、文脈から切り離されて取り上げられると、陪審員たちに影響を与える可能性があった。裁判所は憲法で保障されている私たちの公正な裁判を受ける権利を、陪審員が、合理的な基準に達していない証拠によって偏見を抱かせられないようにすること、と解釈していた。私はそれを知って嬉しかった。

換言すれば、私たちは資料の一部を裁判から排除することを裁判官に要求する権利を持っている、ということだ。私たちは政府が陪審員に示そうとしているものの妥当性と信頼性に、一つ一つ異議を申し立てていった。多くのケースで、裁判官はこちら側の意見に同意した。裁判官は最終的に、文書や出来事を勝手に解釈することで証拠を創り出そうとする政府の無謀なやり方を抑えこもうとしていた。私は聴聞会にはまったく出席しなかったが、すべての申し立てに目を通し、法廷でそれらが日の目を見るのを楽しみにしていた。ランディがいなかったので、副代理人のアレックス・ウォルシュが毎日最新情報を知らせてくれた。彼女の働きには感銘を受けた。ランディの不在が若手の弁護士たちにとっていかに大きなチャンスになっているか見て取れた。暗闇から偉大な何かが抽出されていくのを見るのは、楽しかった。

ランディは化学療法を終えると、すぐに仕事に戻ろうとした。しかし化学療法がうまくいっても、完全に力を取り戻すには二、三カ月かかるだろう。三月の末、公判までほぼ一カ月というとき、ランディの回復だけが懸念材料ではないことを思い知らされた。二〇〇九年三月二七日、ブラット裁判官は年齢と健康を理由に、この事案から退くと発表した。私たちは裁判官を失ったのだ。

力による威嚇がすぐに始まった。政府は弁護人すべてに対して、新しい裁判官になれば公判でやりこめられるだろうから司法取引の交渉に入ったほうが得策だと勧めた。ブラット裁判官が過去三年半の間にいかに詳しく事件の全容を把握していたか、彼がすこぶる公平だったことを考えると、土壇場での裁判官の交代にがっかりさせられたのは言うまでもない。私の人生でもっとも危険な状況の真っ只中で、私を護ってくれると信じて疑わなかったこの二人、ランディとブラット裁判官がいなくなったのだ。残念でならなかったが、私にはどうしようもないことであり、受け入れるしかなかった。どうやら人生は、私に厳しい試練を課すことで、個的な自己の名残を確実に消滅させようとしているようだった。それは、私自身が何年も前に願ったことだった。

次にどうなるか、誰にも分からなかった。公判日の変更は避けられないように思われたが、それがいつで、誰が裁判官になるか、誰も知らなかった。私たちにできることと言えば、万が一に備えて、準備を怠らないようにすることだけだった。地方裁判所の判事長であるノートン裁判官が、間近にせまった四カ月にわたる裁判を担当できる連邦裁判官を探す仕事を任された。その間にも、ブラット裁判官が公判前の聴聞会を開き、私たちは予備的申し立てをした。結局、代わりの裁判官を見つけることができず、ノートン裁判官自らが裁判を担当することになった。六月の聴聞会で、新しい公判日が五カ月後の二〇一〇年一月十八日に決まったことを知らされた。こうしてサウスカロライナ州の連邦地方裁判所の判事長が公判を開くことになった。あらゆることがどんどん大がかりになっていくような気がした。④

④最初に訴訟を起したサウスカロライナ州の連邦判事が数年前に辞職し、ワシントンの司法省が引き継

いだ。

二〇〇九年八月、ノートン裁判官は公判前の聴聞会を引き継いだ。その頃までにランディは完全に職場復帰していた。彼はノートン裁判官が非常に聡明かつ博識で、公平な人物であることを発見した。ノートン裁判官の裁定は、ブラット裁判官のそれにとても似ていた。私たちは公判までの数カ月を通し、予備的申し立てによって政府の主張を論破しつづけた。新しい裁判官は、前の裁判官同様、私たちを訴追する根拠が脆弱だとみなしているようだった。一〇月に入ると、公判まで三カ月となり、チャールストンに宿舎を確保する時期がやってきた。

数年前、ランディにこう尋ねたことがある。私が何も不正を働いていないことを政府が理解し、告訴を取り下げる可能性はどのくらいあるかと。ランディは、CEOの私と社長のジョン・カン、そして最高執行責任者であるジョン・セッションズ以外の全員の告訴が取り下げられることを期待している、と言った。ランディは最高財務責任者も含めるつもりだっただろうが、すでに癌で亡くなっていた。私は自分の勝算を確かめたかったので、裁判を受けずに無罪放免になるには神の介入が必要だろうかとランディにしつこく尋ねた。彼は少し考えてから、「そうだな、神の介入が必要だろう」と言った。妻のドナと私は四カ月間住むための家を借りにチャールストンに向かった。私たちはそれを冒険と考えた。私たち二人は三〇年以上も寺院に住み、一度に数週間以上、寺院を離れたことはなかった。この裁判は私たちに長期間移住することを余儀なくさせるだろう。もちろん、四カ月を超えてもっと長びく可能性もあった。

公判の日が近づくと、ランディの予測通りに事態が展開した。政府は告訴された重役のうち上級管理者を除くひとりひとりを呼び出し、告訴を取り下げる前に有益な情報を得ようとした。もちろん、これといった情報は出てこなかった。同僚が難を逃れるのを見て、私たちは全員喜んだ。二〇一〇年一月十八日に公判を迎えるのは、ジョン・カンとジョン・セッションズと私、三人の上級管理者だけとなった。十二月の半ば、ランディから電話をもらった。ランディは裏ルートを通じて、政府が突然調停に関心を示しはじめたという情報を得ていた。裏付けを取ったのち、ランディは、どうも検察はもう十分だと感じているようで、私を裁判から外したがっているようだと言った。私たちは公判前の聴聞会で成功していたので、私の立場についてはかなりの自信を持っていた。犯罪歴の記録が残らない状態で告訴を取り下げてもらいたい、と私はランディに告げた。もし彼らが陳述を求めたら、すべては標準会計原則に則って処理されていると常に信じていたが、今では、ボビーが不正を働いていたのを知っている、と陳述するつもりだった。つまり真実だけを述べるつもりだった。ともかく公判まで四週間、ガサ入れがあってから六年、光が暗闇を一掃した。政府は、株価がボビーの不正によって影響を受けた場合に備えて、十二年続いている株式売買の一部を自発的に停止するよう主張した。私は株価に影響が及ぶとは思っていなかった。たとえ影響を受けたとしても、私はそれを利用するつもりなどなかった。そして、悪夢が始まったときと同じように、突然、終幕が訪れた。政府が私に対する告訴をすべて取り下げることに同意したのだ。

喜びも解放感も感じなかった。感じたのは、最終的に真実が勝利したことへの深い感謝の気持ちだった。神が介入したのかもしれないが、真実が勝利したのだ。しかし、社長のジョン・カンと最高執行責任者のジョン・セッションズがまだ起訴されたままだった。私はこの事件に関するあらゆる資料に目を通した。意図的な不正が見られたのは、唯一ボビー・デービズとその仲間の行動だけだった。ジョン・カンとジョン・セッションズの二人が全力で仕事をしてきたのを知っていた。私は、ランディと彼のチームに、可能なかぎり二人のサポートをするよう働きかけた。彼らは直接裁判に参加することはできなかったが、裁判に出席して、訴訟の最中や後に必要となる要約や申し立てを手伝い、ほとんどの文書を書いた。裁判は順調だった。ジョン・カンの弁護士が優秀であることが判明した。ボビーと経理部にいた彼の愛人キャロラインを含め、政府側の証人の反対尋問をすべてうまく処理した。検察が答弁を終える頃には、ほぼすべての政府側の証人が弁護側にとって好ましい証人に変わってしまっている、と弁護団は感じていた。過去一カ月半の間に法廷で起ったことを考えると、政府が合理的な疑いを差し挟む余地がないほど、自分たちの申し立ての正しさを証明したようには誰にも思えなかった。両陣営が答弁を終えたので、裁定が陪審員に委ねられた。陪審員は長く審議することはなかった。ほんの五、六時間で、全員一致の評決に達したと報告した。公判中明らかになったことを考えれば、妥当な審議時間だったような気がする。

二〇一〇年三月一日、陪審員は法廷に戻ってきて、評決を読み上げた。

「告発通り有罪」

被告側は驚いた。裁判官は両手で頭を抱えていた。どうなっているのだろう?

公判後の陪審員との面接によれば、冒頭陳述の後でほぼ裁定が決まってしまったことが明らかになった。会社内で行なわれた不正についての検察のプレゼンテーションがとても単純明快だったので、ほとんどの陪審員はそのとき心を決めてしまったのだ。大半の陪審員にとって、検察の語るストーリーを聞くだけで十分だったのだ。非常に悲しいことである。ジョン・カンとジョン・セッションズは判決を待った。

まだ希望の光が一つだけ残っていた。

被告側は出訴期限法（時効）に基づいて、訴訟の取り下げを申し立てていた。裁判官はその申し立てに対してまだ裁定を下していなかった。二〇一〇年五月二七日、公判からほぼ三カ月後、ノートン裁判官は裁定を下し、ジョン・カンとジョン・セッションズに対するすべての起訴を却下した。その裁定の中で裁判官は、この訴訟で起ったことに対し繰り返し政府を手厳しく非難した。また、五年もの長い間多くの人を起訴したにもかかわらず、公判直前になって、なぜすべての起訴を取り下げたのかに疑問を呈した。そのおかげで、公判までの弁護費用が一億九千万ドル以上に達していることを彼は指摘した。

ジョン・カンとジョン・セッションズが履歴を汚すことなく自由になったことを私は喜んだ。また、少なくともこの事件のばからしさに気がついた人がいたことに勇気づけられた。だが必ずしも、終わったわけではなかった。政府は裁判官の罷免を訴える権利を持っていた。罷免請求が通った場合に備えて、被告側は再審の申し立てをしていた。その申し立ては、陪審員が思い違いをしていたという大胆な議論に基づくものだった。換言すれば、法廷で示された証拠が評決を裏付けていないということである。裁判からほぼ一年後の二〇一一年一月十九日、真実の全貌、それも真実のみがついに明らかになった。ノートン裁判官が再審の申し立てへの裁定に署名したその日、トーマス・ジェファーソン、ジョージ・メイソン、ジェイムズ・マディソンらは安堵のため息をついたに違いない。彼らが目指した制度が正しく機能し、最終的に、真実と正義が勝ったのだ。

ボビー・デービズがチャールストンの米連邦地検に足を踏み入れ、嘘をつきはじめてから七年以上がたっていた。幻想の罠は網を広げ、あらゆるものを絡め取っていった。しかし、サウスカロライナ州の連邦地方裁判所の判事長の目はごまかせなかった。ノートン裁判官は公判中ずっと座ったままですべての証言を聞いていた。陪審員は、検察の作り話を確たる証拠もないまま、額面通り受け止めたかもしれない。しかし、ノートン裁判官はそうではなかった。自分の罷免請求が通った場合に備えて被告の再審請求を認めただけでなく、一九頁もの意見書で、検察の主張を酷評したのである。検察は重役たちの間で共同謀議があったことを証明していないばかりか、その逆に、証拠は、「メディカル・マネジャー」の重役たちが適切な会計処理がなされていると信じていたことを裏付けている、と主張した。さらに続けて、政府側の第一証人であるボビーとキャロラインは信用できず、キャロラインはボビーの言葉をおうむ返しに言っているだけのようだと主張した。

私はノートン裁判官の裁定を、畏敬の念と安堵の気持ちを持って読んだ。最終的に、もっとも重要な人物が嘘を見抜き、真実を嗅ぎ分けたのだ。裁判官は証拠の裏付けがないと信じれば、陪審員の評決を無視できるということを、初めて私は知った。ノートン裁判官は評決を無視する権利だけでなく、その義務があることを明らかにした。つまり、私たちは合衆国の憲法によって護られたのだ。裁判官は憲法を通して私たち市民を護る唯一の執行者である。

私の目には、今回の訴訟に関わった二人の裁判官はどちらも英雄に映った。彼らは三権分立の大切さを身を以って示してくれた。憲法を遵守することを誓い、無私無欲でそれを実行に移したのだ。⑤

⑤政府側はノートン裁判官の訴訟の却下に対して上告しないことを選択した。最終的に、告訴されたメディカル・マネジャー社の重役全員が自由を勝ち取った。

53章　振りだしに戻る

疑いの霧が晴れると、人生の旋風は私をさらっていった地点にまた引き戻した。四〇年たった今でも、私は瞑想するために引越してきた森の中で暮らしている。寺院での朝晩の瞑想会や一九七二年にスタートした日曜日の朝の集団瞑想も続けている。だが寺院を建てるために最初に買い求めた一〇エーカーの土地は、現在、九〇〇エーカー（約一一〇万坪）の起伏に富んだ野原や美しい森に囲まれている。人生は私たちにそれらの野原や森の世話をさせてきた。私の人生の基盤は、宇宙の流れとダンスをしている間も煩わされることなく、平穏なままだった。

訴訟というきびしい試練もまたたく間に遠い記憶となり、ほとんど夢となった。他のすべてのことと同じように、それは訪れ、去っていった。私は、はなから自分を捨ててかかっていたので、魂が傷つくことはなかった。まるで水面に文字を書いているようなものだった。実際に出来事が起っている間だけ、その印象が続いた。私が難局を乗り切り、新たな人間として生まれ変わることができたのは、人生の流れの浄化力を進んで受け入れたからである。そんな大事なことをどうして苦い経験と呼べるだろう？　逆に、わが身に起ったことすべてに、私は畏敬の念を覚えている。なぜなら、この受容と「サレンダー」の驚くべき実験を始めたのは、他でもない私なのだから。

確かなことが一つある。この旅に出かけた「人間」は決して戻らなかった。人生の流れはいましめをほどく見えない手の役割を果たし、私を自分自身から解き放った。頭の中の声に絶えず煩わされていた私はワラにもすがる思いで人生の腕の中に身を投じた。そのとき以来、私がやってきたのは、目の前に差し出されたことに全力で取り組み、自分の中に湧き起ってくるものを手放すことだった。喜びと痛み、成功と失敗、称賛と非難、それらはみな私の内部に深く根づいたものを揺るがそうとした。それらを手放せば手放すほど、私は自由になった。何が私を縛っているかを見つけるのは、私の仕事ではなかった。それは人生の仕事だった。私のすべきことは、私の中に生じるものをことごとく手放すことだった。あれこれ計画を練ることをやめ、孤高の静かな生活に落ち着くことで、私はふたたび自分自身を見出した。人生が本書を書くのに理想的な環境を用意してくれたことが明らかになったからだ。座ったとたん、インスピレーションが高波のように押し寄せてきた。私は書かねばならないと常に思っていたことを書きはじめた。自分を手放すとどうなるか、ということである。

この四〇年間、人生を変えるような経験をしてきた今、物事をどのように見ているかとよく聞かれる。『いま、目覚めゆくあなたへ』を読んでください、と私は言う。人生が測り知れない知恵の宝庫であることを腹の底から理解することでもたらされる偉大な自由を、どのように説明すればいいのだろう？　あなたをそうした境地につれていってくれるのは、直接体験だけである。ある時点で悪戦苦闘することがなくなり、人間の理解を超えた、非の打ちどころがない人生の流れにサレンダーすることから生じる、深い平和だけが残る。最終的に、頭さえも抵抗しなくなり、心を閉ざすことをやめる。それに伴って、喜びや興奮が日常のものとなり、素晴らしい自由が享受できるようになる。自分自身を手放す準備ができれば、人生はあなたの友達、教師、秘密の恋人になる。人生の道があなたの道になるとき、すべての騒音が消え、偉大なる平和が訪れる。

私たちが人生と呼ぶ経験のすべてに、永遠の感謝を捧げる。

二〇一五年三月

マイケル・A・シンガー

（訳者あとがき）

本書は、「目覚め」の体験と、その後に続いた奇跡的な人生の流れを克明に綴ったものである。昨年の六月に出版され、またたくまに「ニューヨークタイムズ」のベストセラーに昇りつめた話題の書である。読み出したらやめられないスピリチュアル・ジャーニーの傑作だ。著者は、現在、世界的ベストセラーになっている『いま、目覚めゆくあなたへ』（拙訳　風雲舎）で明解な「悟り」の人生論を展開している森の中に住むヨギ、マイケル・A・シンガー。

私がマイケルに注目するようになったのは、私と同じ第二次世界大戦直後に生まれ、一九六〇年代のカウンターカルチャーの洗礼を受けた人物だからだ。それだけではない。彼の書く文章はすべて自己体験に基づいて書かれており、とても読みやすく、説得力があるのだ。本書でも、シンプルな言葉で核心をつく彼の才能がいかんなく発揮されている。

本書の原題は『サレンダー・イクスペリメント（Surrender Experiment）』。日本語に訳せば、「自分を明け渡す実験」というほど意味だが、それだけではピンとこないだろう。

マイケルは一九七〇年の末まで、まったく普通の人生を送っていた。大学院で経済学を学び、教授になるための指導を受けていた。ところがある日、妻の兄と一緒にソファーに座って話しているとき、頭の中で思考する自分とは別に、「思考する自分」を見つめている「もうひとりの自分」がいることに気づいた。その気づきこそが「目覚め」の始まりだった。

頭の中でひっきりなしにおしゃべりしている声がどこからくるのか疑問に思ったマイケルは、瞑想によって自らの内面を探りはじめる。そして、自分の選り好みが、人生のあらゆるものをコントロールしようとする頭の中のおしゃべりを生み出していることに気づいた。なによりも心の平安と静寂を願うマイケルは、好き嫌いにこだわる内的なおしゃべりに耳を貸すのをやめ、人生の流れが自分に提示するものを受け入れ、精魂を込めてやってみようと決意し、それを「サレンダー・イクスペリメント」と名づけたのだ。

サレンダー・イクスペリメントはマイケルをさまざまな人たちとの出会いに導いた。中でも印象的なのは、シッダ・ヨガの創始者スワミ・ムクタナンダ、クリパルヨガの創始者アムリット・デサイなどインドの聖者たちとの出会いである。ムクタナンダに額を触れられ、一万ボルトもの電気に打たれたかのような体験をする場面は真に迫るものがある。だが、マイケルが自分の師として仰いだのは、ムクタナンダでもアムリットでもなく、ヨガを霊的な科学として西洋社会に広める役割を果たしたパラマハンサ・ヨガナンダだった。ヨガナンダの『あるヨギの自叙伝』（森北出版）を読んで深く感銘を受け、自分が目指しているものがそこにあると直観したのだ。

マイケルは瞑想をより深めようと、ヨガナンダがアメリカに持ち込んだクリヤ・ヨガの講習を受けるため、何度かカリフォルニアを訪れた。クリヤ・ヨガは古代の霊的技法だったが、一度失われた後に、ババジによって復興され、現代に伝えられたと言われている。『あるヨギの自叙伝』の中で、ヨガナンダはクリヤ・ヨガのことを「神への高速直行便的な方法である」とし、「三〇秒で一年分に匹敵する霊的進化を達成できる」と説明している。

サレンダー・イクスペリメントの一環として、マイケルは一九七五年、自らの敷地内に「宇宙寺院」を建設した。あらゆる宗教や宗派を問わず、誰もが参加できる瞑想とヨガのセンターという意味で、「宇宙寺院」と名づけたのだ。フロリダにあるこの施設は現在でも機能しつづけており、瞑想会、自己成長のクラス、ハタ・ヨガのクラス、夜の講話などを提供している。Facebook にある「The Temple of Universe」のサイトには、マイケルに感謝するコメントがたくさん寄せられている。

人生の流れに身を任せることで最終的にマイケルが行き着いたのは、なんとＩＴ産業だった。発端は、地域の家電チェーン店で、発売されたばかりの草創期のコンピュータに出会ったことだった。興味深いのは、コンピュータを手に入れ、独学でプログラミングの勉強を始めたマイケルが、まるで瞑想しているかのように感じたと述べていることだ。プログラミングと瞑想に相通じるものがあると感じたのだ。彼がプログラマーとしてみるみる実力をつけ、「メディカル・マネジャー」と呼ばれる医療業務ソフトのヒット商品の開発に成功したのはそのせいだろう。その後、彼は思ってもみなかった大実業家への道に踏み出していく。

現在、巷で話題になっている引き寄せの法則は、思いを強く持てば、夢が叶うと教えている。だが、サレンダー・イクスペリメントが教えるのは、「無心」のパワーである。好き嫌いにこだわるエゴのたわごとに耳を貸さずに、自分を空っぽにして、人生の流れに身を任せなさい。そうすれば、きっと宇宙があなたの面倒を見、自己実現に手を貸してくれるだろう、と教えているのだ。というのも、著者の言い方を借りれば、「自分より人生のほうが、自分のことをよく知っている」からだ。

本書から何を読み取るかは、もちろん読者の自由である。ヘンリー・デイヴィッド・ソローの『ウォールデン　森の生活』（講談社学術文庫）に通じる要素もあるし、パラマハンサ・ヨガナンダの『あるヨギの自叙伝』に通じる部分もある。とにかく楽しんで読んでもらえれば幸いである。

最後に、本書そのものがスピリチュアルなパワーの結晶だということを言っておきたい。読者の眼をクギ付けにするそのパワーを、どうか堪能していただきたい。そのことを念頭において、翻訳作業に当たったつもりである。翻訳を進めるさいには、日本の読者のことを考慮し、一部編集させてもらったことを断っておきたい。本書の出版を快諾し、適宜にアドバイスしていただいた風雲舎の山平松生氏にこの場を借りて感謝を申し上げる。

二〇一六年五月

菅　靖彦

マイケル・A・シンガー（Michael A. Singer）

世界的ベストセラー『The Untethered Soul』（邦題『いま、目覚めゆくあなたへ』菅靖彦訳　風雲舎）の著者。フロリダ大学で経済学を専攻。大学院在学中（1971年）覚醒体験をして以降、瞑想やヨガにのめりこみ、森の中で暮らす。1975年、森の中に瞑想とヨガのセンター「宇宙寺院」を設立。クリヤ・ヨガの継承者であるパラマハンサ・ヨガナンダを師と仰ぎ、ムクタナンダやアムリットらインドのヨギとの出会いを通して、深遠な霊的体験を重ねる。その一方で、医療業務管理産業に革命をもたらしたソフトウェアを開発し、二千人以上の従業員を抱えるソフトウェア会社の最高経営責任者になる。本書の他に、『The Search for Truth（真理の探究）』や『Three Essays on Universal Law: Karma, Will and Love（宇宙の法則に関する三つのエッセー：カルマ、意志、愛）』などの著作がある。

菅　靖彦（すが・やすひこ）

マイケル・シンガーと同じ1947年、岩手県花巻市に生まれる。国際キリスト教大学（ICU）人文科学科卒業。翻訳家。日本トランスパーソナル学会顧問。自己成長や創造性開発をテーマに執筆、翻訳、講演を行なっている。主な著書に『自由に、創造的に生きる』（風雲舎）。『変性意識の舞台』（青土社）、訳書に『この世で一番の奇跡』（オグ・マンディーノ、PHP）、『ずっとやりたかったことを、やりなさい』（ジュリア・キャメロン、サンマーク出版）、『ブッダの脳』（リック・カールソン、草思社）、『いま、目覚めゆくあなたへ』（マイケル・シンガー、風雲舎）などがある。

伊藤由里（いとう・ゆり）

熊本県水俣市生まれ。青山学院短期大学英文科卒業。ウェスタン・ミシガン大学に編入・卒業。早稲田大学大学院人間科学部にて医療人類学を学ぶ。豊富な瞑想体験を持つ。

サレンダー

初刷　2016年8月3日

著者　マイケル・A・シンガー

訳者　菅《すが》靖《やす》彦《ひこ》／伊《い》藤《とう》由《ゆ》里《り》

発行人　山平松生

発行所　株式会社 風雲舎

〒162-0805　東京都新宿区矢来町122　矢来第二ビル

電話　〇三-三二六九-一五一五（代）

FAX　〇三-三二六九-一六〇六

振替　〇〇一六〇-一-七二七七七六

URL　http://www.fuun-sha.co.jp/

E-mail　mail@fuun-sha.co.jp

DTP　株式会社ワイズファクトリー

印刷　真生印刷株式会社

製本　株式会社 難波製本

落丁・乱丁本はお取り替えいたします。（検印廃止）

ISBN978-4-938939-86-1

マイケル・A・シンガーの本

『いま、目覚めゆくあなたへ』——本当の自分、本当の幸せに出会うとき

the untethered soul ——the journey beyond yourself

マイケル・A・シンガー
菅 靖彦（訳）

ラナ・マハルシは、内的な自由を獲得したければ、
真剣に「わたしは誰か？」と自問しなければならないとよく言った。
それは本を読んだり、マントラを唱えたり、
聖地を訪れたりするよりも大切だと彼は教えた。

ただひたすら、
「わたしは誰か？
わたしが見るとき、誰が見ているのか？
わたしが聞くとき、誰が聞いているのか？
わたしが気づいているとき、誰が気づいているのか？
わたしは誰か？」と自問しろと言うのだ。

さて、あなたは何と答えるだろうか——。

「本書を注意深く読んでもらいたい。そうすれば、永遠を垣間見る以上の恩恵が得られるであろう」（ディーパック・チョプラ）
「最初の章を開いたときから本を閉じ終わるまで、あなたの人生を変えずにはいない本に出合った」（ニール・D・ウォルシュ）

定価（本体1600円＋税）　ISBN978-4-948939-60-1（風雲舎）